歌う大衆と関東大震災

「船頭小唄」「籠の鳥」は
なぜ流行したのか

永嶺重敏
Nagamine Shigetoshi

青弓社

歌う大衆と関東大震災

「船頭小唄」「籠の鳥」はなぜ流行したのか

目次

装丁――神田昇和

凡例

一、人名の敬称はすべて省略した。
二、引用文中の傍点は引用者によるものであり、また明らかな誤記、誤植、欠字は訂正した。
三、引用文中には、現在の観点では許容しがたい表現もあるが、歴史資料という性質に鑑み、原文のままとした。
四、歌詞や詩の引用に際しては、スペースの関係で全文の引用ではなく部分の引用とした場合もあり、また改行は適宜省略した。
五、新聞の夕刊の日付については欄外の日付を採用したため、翌日の日付になっているケースもある。
六、レコードの発売状況と映画や劇の日程については主として新聞広告によっているが、煩雑になるため、広告文の引用以外は出典を省略した。中央紙以外に参照した主な地方紙は次のとおりである。「北海タイムス」「函館毎日新聞」「東奥日報」「岩手日報」「秋田魁新報」「河北新報」「下野新聞」「信濃毎日新聞」「名古屋新聞」「京都日出新聞」「神戸又新日報」「北国新聞」「山陽新報」「福岡日日新聞」

まえがき

本書の舞台になるのは、あの関東大震災の時期の日本である。一九二三年(大正十二年)九月一日に起きた関東大震災は、発生時刻がちょうど昼どきの十一時五十八分で、火を使っていた家庭が多かったために各地で火災が発生してまたたく間に燃え広がり、東京の東部と横浜・小田原に壊滅的被害をもたらした。死者・行方不明者数は十万人を超え、全壊・焼失を含む住家被害は三十七万棟に達した。近代日本が初めて経験する未曾有の大災害だった。

この大震災のちょうど一年前頃から、次のような歌が流行し始めていた。

おれは河原の枯れすすき
同じお前も枯れすすき
どうせ二人はこの世では
花の咲かない枯れすすき

「船頭小唄」(作詞:野口雨情、作曲:中山晋平)というかなり暗い調子の歌で、別名「枯れすすき」とも呼ばれた。まさに震災後の東京の焼け野原を暗示するような歌詞である。そのために、

「こんな暗い歌がはやるから、大震災が起きたのだ」という非難を震災後に浴びることになる。さらに震災の翌年になると、今度は

逢いたさ見たさに　恐さを忘れ
暗い夜道を　只ひとり
逢いに来たのに　何故出て逢わぬ
僕の呼ぶ声　忘れたか

という男女の逢い引きを歌ったような歌が大流行し始め、子どもたちまでが歌うようになった。こちらは「籠の鳥」（作詞：千野かおる、作曲：鳥取春陽）という歌である。「籠の鳥」をテーマにした小唄映画も作られ、当時は無声映画時代だったから、オーケストラの伴奏つきでスクリーンの陰から女性歌手が「籠の鳥」を歌い、観客も一緒に大合唱するという騒ぎになり、ついには警視庁から映画館内での合唱禁止令が出されるという事態にまで至った。現代風にいえば、観客参加型の「応援上映」が盛り上がりすぎたために警視庁が禁止令を出したことになる。震災の翌年のことである。

このように、震災の時期とちょうど重なるように、「船頭小唄」と「籠の鳥」という二つの歌が歌われていくことになる。ところで、震災と歌といえば、二〇一一年の東日本大震災の際に復興支援ソングとして歌われた「花は咲く」（作詞：岩井俊二、作・編曲：菅野よう子）のメロディーがまだ私たちの耳に新しいところである。また、敗戦後に歌われて戦後復興期の日本人を勇気づけた「リ

ンゴの唄」（作詞：サトウ・ハチロー、作曲：万城目正）も、戦災と歌という点では同様の意味をもっている。震災あるいは戦災という近代日本が経験した最も過酷な試練の時期を、人々は歌うことによって自らを励まし、復興に向かう気力を懸命になって奮い立たせてきた。

ただ、関東大震災の頃に歌われた「船頭小唄」はかなり暗い歌であり、また「籠の鳥」も復興支援ソングというにはほど遠い内容の歌である。東京が壊滅的な被害を受けた大震災の時期に、なぜこのような歌が大流行したのだろうか。

この問いに答えるために、本書では、この二つの歌がどのようにして流行していったのか、その過程をレコードや映画といったメディアと、実際にそれを歌った人々に焦点を当てて追っていくことにする。

そして、そこからみえてくるのは、「大衆」と呼ばれた人々が政治的主体として社会の前面に登場してくる、いわゆる「大正デモクラシー」の動きと、さらに、これらの大衆が歌を自らの武器として獲得し、「歌う大衆」「合唱する大衆」として形成されてくる新たな現象である。大正後期には、社会と歌との関係性で大きな変化が生まれてきていたのである。

大震災という過酷な状況下で、東京だけでなく全国で歌われた「船頭小唄」と「籠の鳥」。人々はどのような気持ちで、この二つの歌を歌ったのだろうか。

なお、本書で扱う時期にはラジオはまだ登場していない。日本でラジオ放送が始まったのは一九二五年（大正十四年）三月二十二日であり、本書はその直前の時期を主な舞台にしている。

第1章——「船頭小唄」の誕生とレコードの大ヒット

1——「船頭小唄」の誕生過程

野口雨情という遅咲きの詩人

「船頭小唄」はまず野口雨情が詩を書いて、その後に中山晋平によって曲が作られた。そこで、歌の誕生過程をまず詩のほうからみていこう。

野口雨情は北原白秋や西條八十と並ぶ童謡詩人としてよく知られている。「シャボン玉とんだ屋根までとんだ」の「シャボン玉」(作曲：中山晋平)や、「烏なぜ啼くの」で始まる「七つの子」(作曲：本居長世)をはじめとする数多くの童謡を生み出した詩人である。(1) 雨情の生涯を調べてみて興味深いのは、私たちがよく親しんできたこれらの童謡のほとんどが、意外にも彼の中年期以降に作られたものだったという点である。

・「十五夜お月さん」（作曲：本居長世）……………………………三十八歳
・「七つの子」「青い眼の人形」「赤い靴」（いずれも作曲：本居長世）……三十九歳
・「黄金虫」「シャボン玉」（いずれも作曲：中山晋平）……………四十歳
・「兎のダンス」「證誠寺の狸囃子」（いずれも作曲：中山晋平）………四十二歳

感受性がだんだんと鈍くなってくる中年期に入ってから、このような童心にあふれた童謡を次々と生み出すというのも驚きである。二十代で早逝した石川啄木や立原道造に比べて、雨情はどちらかといえば遅咲きの詩人だったようで、若い時期は創作活動と郷里の生活との板挟みで長い間苦労していた。

雨情は一八八二年（明治十五年）に茨城県の磯原（現・北茨城市磯原）の地主の家に生まれた。東京専門学校高等予科に進んだが、その後中退して磯原に戻り、家督を相続して結婚する。この頃、初期社会主義思想の影響を受けた詩編などを雑誌に発表し、また最初の詩集『枯草』を自費出版する。しかし、この詩集は「贊辞を呈すべき価値なき」「濫りに名を売らん」といった手厳しい批評を受けている。

著者も茨城県の人にして発行も茨城県なり。新体詩発行の機運につれて出でたるものなり。吾等未だ著者の作に接せざりしもの故に精読以て其長所を見出さんと勤めたるも不幸にして贊辞を呈すべき価値なきを悲む、其作概ね数年前の青年雑誌にでも出でし様の者なり、著者濫りに名を売らんことを求めず、静かに詩情を蘊蓄せられたし。[2]

雨情はこのとき二十三歳の若さであり、中央の詩壇で認められるにはまだ早すぎたようである。このような酷評を受けたあと、雨情は一九〇六年(明治三十九年)から樺太や北海道に渡り、「小樽日報」などの新聞社に勤める。石川啄木と知り合ったのはこの頃である。北海道時代は二年で終わり、雨情は東京に戻ってくる。そして、知人の紹介で有楽社という出版社に入って雑誌「グラヒック」の編集に従事するが、一九一二年(明治四十五年)、有楽社の解散にともなって郷里の磯原に里帰りする。その後は詩壇から離れて、一七年(大正六年)頃まで郷里で山林経営や農業に従事することになる。

ここまでの経歴をたどるとき、新聞社・雑誌社への勤務や詩集の出版といった文学的な活動と、郷里での生活との板挟みにあっている雨情の二十代から三十代の姿が浮かび上がってくる。とりわけ大正の前半、雨情は郷里での生活に沈潜していて、詩作の経歴では少々長めの空白期間になっている。このような生活に大きな変化が訪れるのは、一九一八年(大正七年)のことである。この年に、雨情は再婚して水戸に移り住み、詩の創作活動に本格的に復帰して詩作に専念するようになる。そして、地元の雑誌「茨城民友」(茨城民友新聞社)に作品を発表し始めた。

翌一九一九年(大正八年)に、雨情は東京の銀座書房から『都会と田園』と題する詩集を自費出版する。この詩集は新聞・雑誌の書評で取り上げられて好評を博し、雨情の中央詩壇への復活のきっかけになった。こののち、雨情は童謡雑誌「金の船」(キンノツノ社)などに作品を発表していく。一八、九年は詩人野口雨情の再スタートの年で、ここから数々の名作が生み出されていくことになる。

「枯れすすき」は一九一九年に誕生

では、雨情が「枯れすすき」を書いたのはいつ頃だろうか。実は作成時期については、雨情の回想などが残っていないために、はっきりしたことはわかっていない。一九一八年(大正七年)とする説もあるが、雨情が中山晋平のもとに赴いて「枯れすすき」の作曲を依頼したのが一九年の八月とされているため、詩は遅くともそのときまでにはでき上がっていたはずである。この点について、雨情の息子である野口存彌《のぶや》は「「船頭小唄」は大正八年夏に書かれ、原題は「枯れすすき」となっていた」[3]と述べている。これらの点から、本書では「枯れすすき」の詩は一九年に誕生したとする説をとる。このとき、雨情は三十七歳だった。

後述するように、雨情は最初の草稿に何度も推敲を加えたために詩はそのつど変化していったが、最終的に確定した詩形をここでは「定本 野口雨情」第一巻から紹介しよう。[4]なお、改行は一部省略した。

一

おれは河原の枯れすすき

同じお前も枯れすすき
どうせ二人はこの世では
花の咲かない枯れすすき

二

死ぬも生きるもねーお前
水の流れに何に変《かは》ろ
おれもお前も利根川の
船の船頭で暮らさうよ

三

枯れた真菰《まこも》に照らしてる
潮来出島《いたこでじま》のお月さん
わたしやこれから利根川の
船の船頭で暮らすのよ

四

なぜに冷たい吹く風が
枯れたすすきの二人ゆゑ
熱い涙の出たときは
汲んでお呉れよお月さん

五

どうせ二人はこの世では
花の咲かない枯れすすき
水を枕に利根川の
船の船頭で暮らさうよ

詩の舞台になっているのは潮来だが、野口雨情研究者の金子未佳によれば、雨情自身は現地の潮来には行かずにこの詩を作ったという。現地に行かずにイメージで作成するこのような方法は「船頭小唄」の場合だけではなく、のちの「波浮の港」（作詞：野口雨情、作曲：中山晋平）の場合にも採用され、こちらは絵ハガキを見ながら作ったとされている。(5)

また、雨情のエッセーによれば、「船頭小唄」のヒントになったのは、少年時代に村で流行していた「あまんまひ」という歌だったという。(6)この歌は、佐原生まれの「おたやん」という淪落《りんらく》した茶屋女が自分の身の上話を歌い始めて、それが村人たちにも歌われるようになったもので、雨情は「先年、わたしが書いて中山晋平氏が曲をつけた『船頭小唄』は少年の頃に聞いた「あまんまひ」を思い出して、このおたやんの身の上からヒントを得たのでありました」と述べている。雨情はこの「あまんまひ」の歌詞も紹介している。

エー　染めて口惜《くやし》や

佐原の町で
八百屋お七ぢやないけれど
わたしや十七　エー
お稽古通ひの
そのころよ。

「あまんまひ」はこのように茶屋女の身の上話を歌ったものであり、直接的には「船頭小唄」との関連性は薄い。雨情はこの茶屋女とその相方の旅芸人との道行きや、潮来行きの船での二人の会話などを想像して、「船頭小唄」のヒントにしたという。

さて、こうしてでき上がった詩稿を持って雨情は晋平のもとを訪れて、作曲を依頼した。それが一九一九年（大正八年）八月のことである。この時期までに、雨情と晋平は日本蓄音器商会のディレクター森垣二郎を通じてすでに知り合っていた(7)。森垣はまず晋平と知り合いになったが、それは一七年の松井須磨子による「さすらひの唄」（作詞：北原白秋、作曲：中山晋平）の吹き込みのときだった。次に、その翌年、森垣は本居長世が主宰する新邦楽研究会で雨情と知り合う。こうして、森垣を介して雨情と晋平は親しくなり、三人で民謡調査の旅にも出かけたりして、交友を深めていくことになる。こうした経緯から、雨情が晋平に作曲を依頼したのは自然な流れだったといえるだろう。

「カチューシャの唄」のようにはやる曲を

さて、雨情から作曲の依頼を受けたときの様子について、晋平はいくつかの回想を書き残している。それらを読むときにまず注目されるのは、この詩に対する雨情の思い入れの強さである。一種の野心とでも表現できるほどの強い想いを雨情はこの詩に対して抱いていた。晋平は次のように回想している。

野口雨情という人が、初め東京で詩人の生活をしていたのですが、これが長いこと樺太から北海道のほうで放浪生活をしていた。それが東京へ出て来て詩壇に帰り咲きをしたい。それには足がかりとして世間の人が誰でも歌うような歌をどうしても一つ拵えたいというわけなんですね。それで僕を訪ねて来てそんな話である歌を持つて来たのです。[8]

東京の詩壇復帰への足がかりとして、雨情は社会に流行するような歌を希望していたという。晋平の別の回想で「野口氏が私への註文はどうか「カチューシャの唄」のやうに素晴らしく世間に流行るやうな曲をといふ事だつた」[9]と明確に書いているように、雨情は「カチューシャの唄」（作詞：島村抱月、相馬御風、作曲：中山晋平）や「ゴンドラの唄」（作詞：吉井勇、作曲：中山晋平）などで一躍人気作曲家となった晋平の力を借りて、広く社会に流行する歌を自ら作りたいという想いに駆られていたことがわかる。

晋平の回想でもうひとつ注目されるのは「雨情節」の存在である。雨情は自作の詩を独特の調子で歌う癖があったという。雨情節について晋平は、「野口氏は自作の童謡や民謡を氏独特の田舎びた調子で、独唱―といふよりは寧ろ一種の朗吟―をされます」と説明して「自由独唱」とも表現しているが、(10)この雨情節は、晋平のほかにも聴かされた人が少なくない。これは、雨情が元来歌うことが好きで、「詩は歌われなければ駄目だ。いくら詩を作ったところで、歌われなかったらそれきり世間から忘れられてしまう」(11)という信念によるところが大きかったようだ。

作曲に一年半かかる

しかし、晋平によれば、雨情のこの「自由独唱」の純日本式の田舎《いなか》びた味わいを生かして曲を作るのは非常に難しく、しばらく放置していたが、(12)その後も雨情はしきりに催促してきたという。

野口さんに悪いけれども、その歌をお預りしますといつて、一年半くらい打つちやつておいたですね。野口さんは手をかえ品をかえて催促に来るのです。これが巧妙な催促で、表面から来ないでいつも搦手からうまい催促をして来て、とうとう放つておけなくなつちやつたのですね。それでこんな節でもつけたらミイちやんハアちやんは歌うだろうというので頗るやつつけな仕事で、野口さんには大変悪いですけれども、責め防ぎのつもりで拵えたものがあんなことになつちやつたのですがね。(13)

ここで晋平が「巧妙な催促」と表現しているのは具体的には詩稿の訂正のことだったようで、別の回想では「此処は斯う直した方がよいなどと几帳面に、原稿用紙に手を入れて送って来る。催促の積りではないにしても、此方《こっち》は沁々《しみぐ》参ってしまひ(14)」と書いている。

この経緯からもわかるように、「船頭小唄」の当初の歌詞は現在まで伝えられてきたものとは異なっていて、次のようなものだったという。

おれは河原の　枯すすき
同じお前も　枯すすき
どうせ二人は　埋れ木の
花の咲かない　蛍草(15)

このような最初の詩稿を雨情は何度も推敲を重ねて、現在に伝わるような形に仕上げていったのである。

結局、晋平の作曲が完成するまでには一年半かかり、「船頭小唄」の楽譜が発売されたのは一九二一年（大正十年）三月のことだった。その際に、曲名は原題の「枯れすすき」から「船頭小唄」に変更している。

なお、音楽学者の繁下和雄は「船頭小唄」のヨナ抜き短音階（ファとシがない五音階）の旋律の原型として、一九〇〇年（明治三十三年）頃に海軍軍楽隊の楽長田中穂積が作った「美しき天然」

（「天然の美」）を指摘している。[16]「美しき天然」はサーカスのジンタなどでもよく使われていた曲であり、それが結果として、「船頭小唄」を人々になじみやすいものにする効果をもたらしたという。ユリ（こぶし）を加えた「船頭小唄」のヨナ抜き短音階は、その後の日本流行歌の基本音階になっていく。

一九二一年に楽譜として出版

こうしてでき上がった「船頭小唄」は、まず楽譜で一九二一年（大正十年）三月に銀座の山野楽器店から発売された。大正期には、流行歌は最初はレコードではなく、楽譜の出版や雑誌への掲載といった出版物として発表されるのが一般的だった。そして、その後市中で歌われ、流行し始めるようになってからレコード化して発売する、という流れが当時の音楽流通のあり方だった。

さて、「船頭小唄」が最初にその姿を現した楽譜をぜひ見てみたいと思い、筆者は図書館などで探してみた。明治・大正期の楽譜や唄本は図書館などで保存されにくいメディアである。「船頭小唄」の楽譜もなかなか所蔵先を見つけられなかったが、幸いにもネットの古本屋から入手することができた。

この楽譜は『新作小唄第十三編 船頭小唄』と題されていて、表紙に女船頭の姿がカラーで描かれた瀟洒な装丁である（図1）。ちょうど新書版ほどの大きさで、本文は八ページ、「船頭小唄」のほかに「つばめの唄」「可愛い君さま」の二曲を収録している。「船頭小唄」に関しては、楽譜と三番までの歌詞が収められている。三曲とも「歌 野口雨情　曲 中山晋平、萱間三平　装 岡本帰一」

となっている。萱間三平は中山晋平の別名である。また、装丁を手がけた岡本帰一は童謡雑誌「金の船」や「コドモノクニ」（東京社）の挿絵で活躍していた童画家である。

この楽譜は中山晋平（萱間三平）作曲の新作小唄ばかりを集めた「新作小唄」シリーズの第十三編にあたるものである。このシリーズにはほかに、「さすらひの唄」（作詞：北原白秋、作曲：中山晋平）や「カルメンの唄」（作詞：北原白秋、作曲：中山晋平）などのヒット曲も含まれていて、裏表紙で「各冊十頁、定価二十銭」とうたい、第二十一編まで刊行されている。

ところで、先にも述べたように、この時期の流行歌は出版物として発表されるのが一般的だったが、楽譜としての出版よりも雑誌への掲載のほうがはるかに簡単で、一般的におこなわれていた。実際にこの時期は雨情、晋平ともに婦人雑誌や児童雑誌に盛んに作品を発表している。

図1　楽譜『船頭小唄』（新作小唄第13編）、山野楽器店、1921年、表紙

「船頭小唄」がこのような雑誌への掲載ではなく楽譜での出版になったのは、雨情が中央詩壇への復帰という強い野心を抱いていたことから、雑誌よりも注目度が高い楽譜のほうを選んだためと思われる。それだけこの歌への思い入れが強かったわけだが、このシリーズの第九編『別れの唄』の奥付には「大正九年十二月五日発行、大正十年九月五日　二十版」とあるように、わずか一年足らずの間に

二十回も版を重ねているものもある。人気が出た場合には、このような爆発的な売れ行きが実際にも可能だったことがわかる。

2――演歌師による流行と大衆層

演歌師という「人間レコード」

このように、「船頭小唄」はまず楽譜として一九二一年（大正十年）三月に出版されたが、レコードが発売されるのはその一年半後である。その一年半の間に「船頭小唄」が市中で流行し始めたために、レコード化して発売されたということになる。だが、ここで次のような疑問が浮かんでくる。楽譜を読んですぐに歌える人はそう多くはないはずだから、レコードもなくて楽譜だけで歌が流行するものだろうか。

楽譜によって「船頭小唄」を覚えたという例も実際に存在している。演芸史研究家の辻内周三は出版されたばかりの「船頭小唄」の楽譜を東京に遊学した友人からもらって、手に入れたバイオリンを使って演奏して覚えたという。そして、数人の友人たちと夜に新潟の白山公園で、鳥打ち帽を目深にかぶって演奏して歌ったと回想している。(17)

しかし、バイオリンを持っていること自体が珍しいことからも、辻内のような例はきわめて少数にとどまったものと思われる。では、「船頭小唄」はどのようにして流行していったのだろうか。

このような疑問に対して、晋平が流行の原動力としてあげているのは演歌師である。

いちばん流行らしたのは艶歌師が採り上げたことでしょう。その頃はラジオもなしレコードも力がなかったでショ。艶歌師が世間の流行り歌を拵えるいちばんの原動力になっていたわけです。艶歌師がつまり持ち歩いたわけですね。その前から「カチューシャ」とか「ゴンドラ」とか小さい刷り物で出しておったので、こういうものを拵えたからこの仲間に入れましようと、五銭とか十銭で拵えたのです。それを艶歌師がヴァイオリンで奏して見て結局採り上げるということになったのでしようね。とにかく急性伝染病と同じように流行したものです。[18]

ここに登場する艶歌師＝演歌師は、明治・大正期の流行歌の伝播に最も重要な役割を果たした人々である。演歌師は二人一組で縁日や街角に立って、一人がバイオリンを弾きながら歌を歌い、一人が唄本を売ってそれを収益とした。レコードの普及以前は、演歌師は「いわば人間レコードとでもいうべき存在[19]」であり、人々はこの演歌師から流行歌を覚えるケースが多かった。端的にいえば、演歌師は当時の流行歌伝播の最大の担い手だったといえる。そして、晋平によれば、「船頭小唄」もこの演歌師たちが歌うことによって広く流行していったという。

この時期に民衆娯楽の調査に従事していた権田保之助は、一九二三年（大正十二年）頃、演歌師は東京近辺に約三百人、東京以外にも三百人ほどいたと述べている。[20]

都市大衆層と演歌師

実際に演歌師たちが「船頭小唄」を歌っている例を探してみたところ、一九二三年（大正十二年）一月の「大阪朝日新聞」に「艶歌師ものがたり」と題するルポルタージュ風の記事が見つかった。ここには、大阪での演歌師の生態がリアルに描かれている。

大阪名物の一、夜店縁日の片ほとり、小暗い辻に片寄って十数人、数十人の群衆が耳を立てているのを見たであろう、そしてその群集に取巻かれた帽子まぶかの青年がヴァイオリンを弾きながら、家鴨がインフルエンザにかかったような声を張り上げ張り上げて唄うのを聞くであろう、これは恋慕流し民衆音楽家艶歌師諸君のステージなのである。（略）大正の御代となっては、彼等の口にするものは時代後れな浪花節の類ではない、必ず「たとえ黄金に埋むとも、いとし貫一振りすてて」と「金色夜叉」の唄を歌う、「おれは河原の枯すすき、同じお前も枯すすき」悲しげに詠嘆する。その歌は丁稚、職人の社会を征服した。次いで番頭も真似をした、女中、看護婦、女給、女事務員、芸妓、娼妓、青年会員、在郷軍人、会社員、学生は固より、良家の令嬢たちまで「千葉心中」を歌い「不倫の恋」を唄った、その歌は街の隅々へまで浸潤した。(21)

帽子を目深にかぶって、独特のしわがれた声で歌う歌い方は演歌師特有のスタイルである。このような演歌師たちが縁日や夜店で「金色夜叉の唄」（作詞：宮島郁芳、作曲：後藤紫雲）や「船頭小唄」を歌って広めていったのである。

さらに、これに続く後半の記事では、唄本の売り上げが一晩に四、五円を下らないこと、さらには唄本の買い手は男女の学生や女工、芸者、丁稚小僧、職人といった「青春の血に燃ゆる連中」に多いといったことなどを紹介している。また、唄本を専門とする印刷屋があり、演歌師はそこから仕入れていたと書いてあることから、「船頭小唄」に関しても前述した楽譜に加えて、さらに演歌師たちが作って売り歩く唄本としても流通していったものと思われる。

こうした演歌師たちを通じて、さまざまな流行歌が都市内のあらゆる階層に伝わっていった引用した記事中には、丁稚小僧や職人などの商工徒弟層から、看護婦、女事務員といった職業婦人や会社員、学生などの新中間層、在郷軍人、さらには「良家の令嬢」まで、さまざまな階層の人々を流行歌の受け手としてあげられている。都市大衆層ともいえるこれらの広範な階層の人々に演歌師を通じて「船頭小唄」も広まっていき、彼らは「船頭小唄」を覚えてそれを自ら歌うようになっていったのである。

演歌師との〈ライブ体験〉の記憶

さらに、演歌師は東京や大阪だけでなく地方都市にも出かけていった。一九一五年（大正四年）に群馬県の山間部にある沼田町で生まれた流行歌史研究家の高橋磐二は、小学校時代の演歌師の思い出を次のように回想している。

大正十一年の秋頃と記憶していますが、当時私は小学校の二年生でした。高原の街に爽やかな風が吹き抜ける夕方になると、本町通りの主な辻々に二人連れの若者が一人はヴァイオリンを、もう一人は薄い小型の印刷物の束を手に現われるようになりました。（略）頃合いを見はからってヴァイオリンを弾きながら、

　おれは河原の枯れすすき

　同じお前も枯れすすき

と「船頭小唄」を歌い出しました。その頽廃的な哀調は気ぜわしい夕暮れの街を行き交う人々の足を留め、子供らの背後に半円の人垣が作られ、皆一様に聞き惚れさせました。二節、三節と歌い継がれ、五節まで歌い終る頃には、甘く切ないそのメロディはいつの間にか小声でハミングされるほどになっていました。

「船頭小唄」の次には貫一お宮の悲恋を綴った「金色夜叉」や、「生ける屍」の劇中歌「さすらいの唄」など二、三節ずつ歌って聞かせてくれましたが、何といっても人気は「船頭小唄」に集まり、皆ひとしお感動した面持ちでした。(22)

地方都市でも演歌師が人々を強く魅了し、「船頭小唄」をはじめとする流行歌を広めていくうえでいかに重要な役割を果たしていたかをリアルに描いている。この二人組の演歌師は秋の間は毎日決まった場所に現れていたが、木枯らしが吹き始めて冬が訪れるとともに姿を消していったという。

このように、演歌師たちは都市だけでなく地方の山間部にまで出かけていき、「船頭小唄」を広めていった。大正期の流行歌の伝播において、彼ら演歌師が果たした役割はきわめて大きかった。


演歌師の重要性は、東京都台東区の福祉施設居住の高齢者百二十一人を対象にした面接調査にも実際に表れている。(23) この調査は明治後期から昭和初期に小学生時代を送った人々を対象にしたもので、平均年齢七十八歳の高齢者たちの多くは流行歌・演歌が大好きで、演歌師から歌を覚えたケースが非常に多かったようだ。というのも、彼らの回答のなかには、

「路上で」

「縁日の時」

「田舎の方に巡業して来てよく見かけたので立って聴くのを楽しみにしていた」

「歌本を買ったりして」

「昔は娯楽がないので「はやり歌」が来たと夢中になって聴きに行った」

といった回想が多く記録されている。すなわち彼らは演歌師とのいわば〈ライブ体験〉によって歌を覚え、それを強烈な印象として老境に至るまで鮮やかに記憶していたのである。好きな曲目として彼らは「船頭小唄」や「のんき節」(作詞・作曲:添田唖蟬坊)、「不如帰」(作詞・作曲:神長瞭月)、「籠の鳥」「金色夜叉」などをあげているが、これらの多くは彼らが若い頃に演歌師から覚えた歌であり、歌の記憶においては演歌師の影響が非常に大きかったことがわかる。

「船頭小唄」がまだ楽譜や唄本といった印刷メディアしか存在しない段階で、早くも流行し始めるようになったのも、このような演歌師たちの広範囲な〈ライブ活動〉によるところが大きかった。

この演歌師たちのまとめ役にして大御所的な存在が添田唖蝉坊と添田さつきの父子だが、この二人は「演歌」という演歌師たちの機関誌的雑誌を発行していた。この雑誌については第2章「小唄映画の誕生と「船頭小唄」を歌う人々」で詳しく取り上げるが、この「演歌」の第二十六号（一九二二年）に「船頭小唄」の歌詞が三番まで掲載されている。レコード発売に先立つこと四カ月ほど前の号である。このことからも、レコード化以前から「船頭小唄」は演歌師たちの間では、早くも最新の流行歌として共有され始めていたことがわかる。

3——レコードの大ヒット

「船頭小唄」のレコード発売と大流行

こうした演歌師たちの街頭での演奏活動によって「船頭小唄」は流行するようになっていったわけだが、そこに目をつけたレコード各社は、早速曲を吹き込んで新譜のレコードとして売り出し始めた。

最も早い「船頭小唄」のレコードは、オリエントレコードと帝国蓄音器の二社から一九二二年（大正十一年）の九月新譜として同時に発売された。楽譜の発売から一年半後のことで、震災のちょ

図2　「オリエントレコード9月新譜」
（出典：「大阪朝日新聞」1922年8月31日付）

うど一年前にあたる。

・九月新譜　オリエント　書生唄「枯すゝき」「青春の唄」田辺正行・朝子（二千六十一）（図2）

・九月新譜　帝国蓄音器　流行唄「船頭小唄」「流浪の旅」鳥取春陽[24]

オリエントで吹き込んでいる田辺正行は演歌師の一人で、朝子はその妻だと思われる。添田さつきによれば、夫婦二人連れの演歌師はそれほど珍しくはなく、ほかにも秋山楓谷や清水頼治郎といった演歌師が夫婦で活動していたという[25]。

このレコードは、一九二八年（昭和三年）発行の『オリエントレコード総目録』（日本蓄音器商会）によれば、二千六十一というレコード番号がついている（なお、以下では各社の総目録から判明したものにはレコード番号を補記した）。

他方、帝国蓄音器で吹き込んでいる鳥取春陽は演歌師で、「籠の鳥」の作曲者として知られている。春陽については、第4章「「籠の鳥」の流行と小唄映画の大ブーム」で詳しく取り上げる。

そして、この九月新譜以降、「船頭小唄」はレコード各社から続々と発売されるようになる。著作権に対する意識がまだ浸透していない時期だったから、売れる流行歌であれば、どこでも競って手を出すのがこの時期のレコード界の常だった。

・十月新譜、東京、「船頭小唄」吹き込み者不明
・十一月新譜、オリエント、流行唄「枯れすゝき」「ばらの唄」大津下豆千代（二千九十一）、楽屋町笑助
・十一月新譜、ニットー、書生節「枯れすゝき（船頭小唄）」「流浪の旅」高橋銀声（六百三十五）

オリエントの十一月新譜は九月の田辺正行盤に次いで発売された第二弾で、歌っている豆千代と笑助は芸妓である。ニットーレコードで歌っている高橋銀声は演歌師である。このように、当時は流行歌のレコードの歌い手となったのは演歌師や花柳界の芸妓が多かった。流行歌のジャンル名としては「書生節」「書生唄」や「流行唄」といった名称が一般的に用いられている。

なお、曲名は「船頭小唄」よりも「枯れすゝき」のほうが広く通用していたために、レコード化に際しても「枯れすゝき」のほうが多く採用される傾向にあった。

このように、一九二二年（大正十一年）についてみただけでも、「船頭小唄」は四社から合計五種類のレコードが発売されている。それだけ人気が沸騰し始めていたことがわかる。

東京レコードの広告にも、

書生節は昨今大流行の船頭小唄にカルメン等例により音曲の多方面に亙っている
昨今書生節から花柳界にまで、唄るゝ様になつた船頭小唄一名枯すゝき[26]

と書いてあるように、九月のレコード発売をきっかけに「船頭小唄」は一躍大流行し、花柳界でも歌われるようになっていった。

なお、倉田喜弘によれば、このほかに大阪の酒井公声堂から山村とよ子吹き込みの「枯れすすき」が十二月に発売されているという[27]。

一九二三年もレコード発売続く

翌年以降もこの勢いは止まらず、毎月のように各社が新譜を売り出していく。月ごとにみていくと次のとおりである。

・一月新譜、東京、「船頭小唄（一名枯すゝき）」渋谷白涙・鳥取春陽
・三月新譜、オリエント、尺八連管「枯れすゝき」「鴨緑江博多節」荒木司堂・澤瑞司正（二千五百十九）
・三月新譜、トーア、書生節「枯すゝき」「青春の唄」竹内昇月・竹内関子
・三月新譜、日本蓄音器、流行唄「船頭小唄」「流浪の旅」中山歌子

・四月新譜、オリエント、流行唄「枯れすゝき」（大正琴入）田辺正行・朝子、秀次
・五月新譜、東京、平和琴「枯れすゝき」「深川くずし」合奏
・六月新譜、トーア、民謡「枯すゝき」「秋の唄」鹿屋美野子
・九月新譜、オリエント、民謡小唄「船頭小唄」「水藻の唄」田辺朝子（二千六百二十一）

同じ会社から別の歌い手が吹き込んだり、尺八などの楽器演奏での形で出されたりしている。とりわけ三月は、三つのレコード会社から同時発売されている。これは後述するように、この年の一月に映画の『船頭小唄』が封切られたこともあり、流行がますます過熱化していったためである。

「船頭小唄」の流行は関西から

さて、ここまでかなりの数のレコード会社が登場してきたが、いずれも現在の私たちにはなじみが薄い名前ばかりである。ここで当時のレコード業界の勢力図を少し整理してみよう。[28]

まず業界のトップは一九一〇年（明治四十三年）に設立された日本蓄音器商会（ワシ印）で、日本コロムビアの前身である。日蓄は買収などを通じて次にあげる三つの同業他社を大正後期までに傘下に収めていく。ただ、三社のレーベルはそのまま残している。

・帝国蓄音器商会（東京）（ヒコーキ印、スヒンクス印）、一九一二年設立
・東洋蓄音器商会（京都）（オリエント）、一九一二年設立

・東京蓄音器（東京）（富士山印）、一九一四年設立

この日蓄グループに対抗する勢力が、大阪の日東レコード（ツバメ印）（一九一一年設立）である。一カ月あたりのプレス枚数を比べてみると、最も多い日蓄は三十万枚、帝蓄二十万枚、東蓄九万枚だったのに対し、日東は十五万枚とそれなりの存在感を発揮していた。

日蓄はそこで激しい攻勢をかけ、各小売店に日東製品を売らないように圧力をかけたため、ここに両社の抗争が始まる。新聞でも「燕と鷲の戦」[29]と報じられた日蓄と日東の抗争は、一九二三年（大正十二年）の関東大震災まで続くことになる。なお、このほかに二二年に大阪で設立されたトーアレコード（ハト印）がある。

さて、この勢力図を背景にして、これらのレコード会社を地域別に見てみると、東京を本拠地とする会社（日蓄、帝蓄、東蓄）と、関西に基盤を置く会社（オリエント、日東、トーア）に大別できる。そして、「船頭小唄」のレコードはオリエント、日東、トーアといった関西の会社から多く発売されていることがわかる。ここまでに紹介した合計十三種類のレコードのうち、八種類が関西の会社のものである。

レコードの発売状況からみえてくるのは、「船頭小唄」は関西方面から流行し始めたという構図である。すなわち、「船頭小唄」はまず演歌師によって関西から流行し始めて、それに目をつけた関西のレコード会社が競ってレコード化したものと思われる。東京、さらには全国へと流行が波及していくのは、その後のことである。

4——レコードの社会的受容

隣家の蓄音器問題

「船頭小唄」はレコード発売されることによって、その流行がより一層拡大していったが、この時期のレコードの社会的受容のあり方については詳しい資料が残されておらず、また蓄音器がどの程度普及していたかについてもよくわかっていない。蓄音器の普及状況に関して、一九二〇年（大正九年）の新聞記事には次のように書かれている。

蓄音器は近頃知識階級の家庭で持つてゐない所は殆どなく、音楽家諸君は之によつて世界の大家の唄ひ方を学んでゐます。又そろ〱労働者階級にも入り込んで来たやうです。蓄音器で一番よいヴィクターのレコードは最低二円五十銭、十二円、四十五円、蓄音器は八十円、百円、百二十円位の所がよく売れます。(30)

この記事から、蓄音器が知識階級をはじめとする新中間層以上の家庭にはかなり普及していて、労働者層にも広がり始めていたことがわかる。ただ、蓄音器とレコードの価格が相対的にかなり高いものだったことから、その普及は限定的な段階にとどまらざるをえなかった。

しかし、当時のレコードの受容状況を探ってみると、蓄音器から流れる音声はその所有者の家庭だけにとどまらず、その近隣の家庭へも広く鳴り響いていたことがわかる。ひとつの例をあげると、一九二二年（大正十一年）の新聞に東京・四谷の読者からの隣家の蓄音器に関する次のような相談ごとが掲載されている。

隣家の蓄音器

私方に重病の者あり、非常に物音を気にします、然るに隣では正月なので毎晩の様に蓄音器をかけて、下らないレコードを奏するので病人の為に困つて了ひます、何とか出来ぬものでせうか（四谷、川上）[31]。

これに対して、回答者は「お宅に病人のあることが知られていないと思うので、隣家にお頼みしてみたらいかがでしょうか」と述べている。この例のように、蓄音器の音声は周囲の家にも響いていたことから、レコードから流れる流行歌も実際に聴かれる範囲は広かったと考えられるだろう。
また、商店で客寄せにレコードをかけることも多かったようで、それに人々が群がっている様子を一九二二年（大正十一年）の新聞で報じている。

早稲田鶴巻町通の某商店で一昨日大隈侯の総選挙演説を吹き込んだ蓄音器の音譜をかけてゐたので店の前は人の山買物に来たお客まで是を聞き買物を忘れてその儘帰る[32]。

大隈重信が亡くなったのはこの年の一月十日だったが、その翌日には日本蓄音器から大隈の演説レコードが発売されていて、広告では「侯は逝けるも理想は滅びず、聴け世界的偉人の獅子吼を」(33)とうたっている。そして、そのレコードが早速商店の店先で流れると、人々は買い物も忘れて群がり、それに聴き入っていたのである。

この二つの例からもわかるように、この時期、レコードはその直接の所有者とその家庭にとどまらず、隣家にまで響いたり商店の店頭で流したりして、それが実際に聴かれる範囲はより広範囲にわたっていた。「船頭小唄」をはじめとする流行歌のレコードも、このようにしてより多くの聴衆を獲得していたことになる。

貸レコード屋にも「船頭小唄」

一九二三年(大正十二年)に入ると、「蓄音器の貸レコード」という新しい行商が登場してきている。これは一晩から数日単位でレコードを貸して回る商売だが、「船頭小唄」のレコードもそこで扱われていた。

変つた職　蓄音器の貸レコード　新しい行商

「今度は素敵な声色と歌劇が出来ましたよ、お嬢ちやんには××子さんの童謡も新しいのが」と皆まで云はぬ内にもうケースから出して器械へかける、鳴り出すと向ふに遊んでゐる子供等は一時に集まつて来て「お母さん私に童謡を借りてよ」とねだる、（略）これは先頃からちよいくと見える蓄音器の音譜貸屋さんである、（略）この頃はレコード屋も中々上手になつて子供のある家に来ると小学校で教へてる童謡とか又若い衆の集まつてる処では例の船頭小唄といつた風に煽りつけて貸て行くが、一枚一晩は五銭位から二十銭前後まである。[34]

貸レコード屋は歌劇から童謡まで幅広く扱っていて、「船頭小唄」は若い人たちに人気があったようである。

このように、レコードは家庭や商店で流されたり、貸レコードとして流通したりと、さまざまな流通形態で都市空間を縦横に行き来していた。演歌師の生演奏と並んで、レコードという複製メディアによっても、「船頭小唄」は都市社会に広く伝播していったのである。

しかし、レコード化の段階では歌の流行はまだ限定的なものにとどまっていた。というのも、一九二二年（大正十一年）に内務省が全国的に実施した民衆娯楽調査によれば、「活動写真が首位で平均四五、他は囲碁四二、将棋三六、浪花節二八、芝居一六、義太夫一二、謡曲八、蓄音機、角力、講談、挿花、玉突、運動、俳句、川柳、琵琶等各三又は一」[35]だったという。人々が日常的に接する娯楽としては活動写真の比重が圧倒的に大きく、蓄音機の普及度ははるかに低かったことがわかる。

このことから、「船頭小唄」の流行がより一層拡大し大流行へと発展していくのは、続く映画化によるところが大きかったのである。

注

（1）野口雨情の生涯については、主に金子未佳『野口雨情』（〔日本の作家100人 人と文学〕、勉誠出版、二〇一三年）、『みんなで書いた野口雨情伝』（金の星社、一九八二年再版）などを参考にした。

（2）「中央公論」一九〇五年五月号、中央公論社、一〇八ページ

（3）前掲『野口雨情』一八四ページ、野口雨情『船頭小唄――続 野口雨情詩集』弥生書房、一九七八年、二二七ページ

（4）『詩と民謡Ⅰ』（〔定本 野口雨情〕第一巻）、未来社、一九八五年、一三〇―一三一ページ、前掲『野口雨情』一八四―一八六ページ

（5）前掲『野口雨情』一八七―一八八ページ、長久保片雲『野口雨情の生涯――創作民謡・童謡詩人』暁印書館、一九八〇年、二七八―二七九ページ

（6）野口雨情「あまんまひ――「船頭小唄」のヒント」、野口存弥／東道人編『新資料 野口雨情《詩と民謡》』所収、踏青社、二〇〇二年、二五一―二五五ページ

（7）森垣二郎『レコードと五十年』河出書房新社、一九六〇年、七二、一七九、一八三ページ

（8）宮澤縦一「楽遊六十年 中山晋平（芸術談議）」、音楽之友社編「音楽芸術」一九五一年六月号、音楽之友社、七一ページ

（9）中山晋平「演劇及び映画に於ける所謂主題歌に就いて」、国劇向上会編「芸術殿」一九三二年二月号、四条書房、二七ページ

（10）中山晋平「民謡作曲」『アルス西洋音楽大講座』第七巻所収、アルス、一九二九年、一二ページ。なお、前掲『みんなで書いた野口雨情伝』四〇五ページには、中山晋平が採譜した「雨情ぶし」によ

る「船頭小唄」が収録されている。この「雨情ぶし」を分析した音楽学者の藍川由美は、「雨情ぶし」と「船頭小唄」はまったく無関係な楽曲だと結論づけている（藍川由美『「演歌」のススメ』〔文春新書〕、文藝春秋、二〇〇二年、三七ページ）。

(11) 加藤まさを「野口雨情さんあれこれ」、前掲『みんなで書いた野口雨情伝』所収、三二六ページ

(12) 前掲「民謡作曲」一四ページ

(13) 前掲「楽遊六十年 中山晋平（芸術談議）」七一ページ

(14) 中山晋平「作曲生活二十年を語る」「話」一九三五年八月号、文藝春秋社、一九〇ページ

(15) 中山卯郎編著『中山晋平作曲目録・年譜』豆ノ樹社、一九八〇年、三一〇ページ

(16) 園部三郎／矢沢保／繁下和雄『日本の流行歌――その魅力と流行のしくみ』大月書店、一九八〇年、四〇―四一ページ

(17) 辻内周三「船頭小唄と籠の鳥」（流行歌をたずねる五）（演芸雑記帳十）「ラジオ・オーサカ」一九四九年十月号、大阪中央放送局事業部、八―九ページ

(18) 前掲「楽遊六十年 中山晋平（芸術談議）」七一ページ

(19) 加太こうじ『流行歌論』（東書選書）、東京書籍、一九八一年、四四ページ

(20) 権田保之助『社会研究・娯楽業者の群』実業之日本社、一九二三年、一七九ページ

(21) 「大阪朝日新聞」一九二三年一月一日付

(22) 高橋整二「流行歌と演歌師」「群馬風土記」一九八八年九月号、群馬出版センター、一四―一五ページ

(23) 浜松敦子「民衆の音楽活動と唱歌教育の関連性についての一考察――東京都台東区住民の実態調査にもとづいて」、日本音楽教育学会編「音楽教育学」第十五号、日本音楽教育学会、一九八五年、七

六―八七ページ
(24)「大阪朝日新聞」一九二二年八月三十一日付、音楽と蓄音機社編「音楽と蓄音機」一九二二年九月号、音楽と蓄音機社、広告ページ
(25)添田知道『演歌師の生活』(「生活史叢書」第十四巻)、雄山閣、一九九四年、一七三ページ
(26)「大阪朝日新聞」一九二二年十月三日付夕刊、十二月十九日付
(27)倉田喜弘『「はやり歌」の考古学――開国から戦後復興まで』(文春新書)、文藝春秋、二〇〇一年、一五八ページ
(28)当時のレコード業界については倉田喜弘『日本レコード文化史』(〔岩波現代文庫〕)、岩波書店、二〇〇六年)などを参照。
(29)「都新聞」一九二二年六月十八日付
(30)「読売新聞」一九二〇年八月十七日付
(31)「都新聞」一九二二年一月十日付
(32)「都新聞」一九二二年一月十三日付
(33)「東京朝日新聞」一九二二年一月十一日付
(34)「都新聞」一九二三年八月十五日付
(35)「都新聞」一九二二年十一月二日付

第2章——小唄映画の誕生と「船頭小唄」を歌う人々

1——小唄映画の誕生

主役二人とも歌を知らなかった

「船頭小唄」の映画化に乗り出した映画会社は松竹である。一九二二年（大正十一年）十一月から、伊藤大輔の脚本をもとに、監督に池田義信、主演に岩田祐吉と栗島すみ子を起用して撮影に取りかかった。最初のレコード発売から二カ月後のことである。

脚本を担当した伊藤大輔はのちに「丹下左膳」シリーズなどの時代劇で知られる有名な監督になっていくが、この時点ではまだ若手の脚本家だった。また、監督の池田義信はこの映画がきっかけで栗島すみ子と結婚することになる。岩田祐吉は演技派の二枚目俳優として知られる存在だった。

栗島の回想によれば、映画化のきっかけになったのは、「脚本家の伊藤大輔さんが散歩の途中、ふと耳にした酒屋の小僧さんが口ずさむ流行唄」[1]だったという。

さて、こうして池田監督の一行は水郷の千葉・佐原に宿を取って、潮来や利根川の河原の枯れすすきを背景にして撮影を開始した。ところが、池田監督の回想によれば、映画の撮影中に主演の岩田も栗島も「船頭小唄」の歌を知らないことがわかり、急拠「荒城の月」を歌って間に合わせたという。[2] この点については栗島も同様の回想を残していて、劇作家の阿木翁助たちとの座談会で次のように語っている。

ただおかしいのはね、「船頭小唄」っていうメロディがどんなメロディだか全然わかんなかったの。あの映画を撮ってるころには(略)二人で船に乗って「なんかうたうんだってさ、祐さん。どうする?」「わからねェな。まさか「君が代」ってわけにもいかないだろうな」って。(笑)(略)だけどその頃「君が代」なんてうたえない、御用になっちゃうもの。それで「荒城の月」をあたしも祐さんも知ってたの。だから、あたしが船頭で、恋人の祐さんを舟に乗せて漕ぎながらそれをうたった。[3]

無声映画の時代なので、何を歌っていたかはまったく問題にならなかったというわけである。ただ、このエピソードからもわかるように、「船頭小唄」はこの時点ではまだ誰でも知っているというレベルにまでは達しておらず、その流行は限定的なものにとどまっていたことがうかがえる。

無声映画は口パクだった

無声映画の撮影方法に関してもうひとつ興味深いのは、俳優は歌だけでなく台詞《せりふ》もまったく覚える必要がなかったということである。口をパクパクさせるだけで、何を言っているかはまったく問題にならなかった。この点について、前述の座談会で栗島は阿木に対して次のように答えている。

阿木「俳優さんは別に台詞を言うんじゃないから、覚える必要ないわけですからね。」
栗島「そうそう。でたらめ言ったっていいのよ。音がないんだから」[4]

実際に「いろはにほへと」や「南無阿弥陀仏」など、適当に思い付いた文句ですませる俳優もいたという。また、台詞を覚える必要がなかったため俳優にはシナリオが渡されることもなく、そのつど簡単なメモが渡される程度だった。その結果として無声映画の撮影は驚くほど早く進み、『船頭小唄』に関してはわずか四日間で撮影が終わったという[5]。

四日という期間は現在の感覚からはにわかに信じがたい短さだが、「キネマ旬報」の「撮影所通信」にも「池田義信氏は（略）伊藤大輔氏原作の「船頭小唄」を四日間で完成した」[6]と書いてあることから、これは事実だったようだ。

こうして、映画『船頭小唄』は一九二三年（大正十二年）の正月映画として急ピッチで撮影され、なんとか一月封切りに間に合った。ここで映画のあらすじを簡単に紹介しよう。主な登場人物は四人で、船問屋の娘お君、その恋人である船頭の律太、お君の許嫁《いいなずけ》の豊三、豊三のなじみの芸妓お品である（図3）。

図3　映画『船頭小唄』
（出典：「キネマ旬報」1923年2月1日号、キネマ旬報社、国立国会図書館所蔵）

律太とお君の船頭夫婦の恋物語

大利根の流れを友としてゐる船頭律太（岩田祐吉）の女房お君（栗島すみ子）はある船問屋の娘として生まれたが、父の失敗から生活上に一大劇変が来ました。お君にはもと内藤豊三（堀川浪之助）といふ許嫁があつたが豊三はお君の家を挽回せんため上京し、ふとしたことから芸妓のお品（柳さく子）と馴《なじ》染《み》竟《つひ》に金に詰まつて刑務所へまで曳かれる、そのうちにお君と律太との恋が成立たうとしてゐる、然しお君には豊三といふ許嫁のあることを知つた律太はある機会から豊三とお品との身の上を聴き、お品の許に五百円を送り二人を助ける、その金は律太がお君と相談の上お君と二人である船問屋へ年期奉公することゝして前借した金であつた、かくてお君と律太は共に船を漕いで楽しい日を暮した。(7)

律太とお君という船頭夫婦が幸せな日々を手に入れるまでの波瀾に満ちた苦難の恋物語といったところである。ハッピーエンドで終わっていることから、それほど暗い映画ではなかったようだ。

なお、新聞広告をみると、映画の長さについては「松竹映画　船頭小唄　四巻」と巻数が付記されている。巻数は「五巻」と書かれている場合もあるが、当時はフィルム一巻が約十分程度だったことから、約四十分から五十分程度の映画だと思われる。短い歌詞からこのような長さの波瀾万丈のストーリーを考え出したのは、脚本を担当した伊藤大輔の手腕といえるだろうか。

2――全国での上映と独唱歌手の登場

封切りは東京と京都で

さて、こうしてでき上がった映画『船頭小唄』は、一九二三年（大正十二年）の一月に封切られた。『松竹七十年史』によれば、一月八日から麻布松竹館で封切られ、人気が出たために二十一日から浅草松竹館で上映された。(8) 封切りに際して、松竹では宣伝のために書生演歌師を動員して、歌の人気を盛り上げる戦略をとった。

映画を作るには、もう一度「枯すゝき」を思ひ切つて流行させる必要がある乃で松竹の宣伝は巧妙を極め縁日や夜店でヴァイオリンを弾きながら歌本を売つてゐる書生さん達を一晩二人連れで七円と云ふ約束で買収し「枯すゝき」の歌をひろめさせたものだ。(9)

演歌師を宣伝のために動員するこのような手法は、その後もたびたび繰り返されていく。なお、『船頭小唄』は今回の調査で東京よりも先に京都で封切られていたことがわかった。「京都日出新聞」によると、東京よりも二日早い一月六日に京都の歌舞伎座で『松竹映画船頭小唄』四巻が封切られ、十二日まで一週間上映している。二日の違いしかないため、ほぼ同時封切りだったといえるだろう。

では、同じ関西でも、なぜ大阪ではなく京都だったのだろうか。これについては、同紙上で次のような問答が交わされている。

【問】松竹キネマ映画劇は一番最初どこで封切上映します、京都歌舞伎座はいつも大阪朝日座で上映した後を写しますが歌舞伎座で初封切する映画は御座いませんか（キヽタイ生）

【答】そんな筈はありません、春から「悲劇集粋」「船頭小唄」「マイフレンド」などは事実歌舞伎座が初封切です朝日座から廻つてくるのもありますが京都で一等先に封切るのもありまして、映画の都合で何とも解りません。(10)

この問答から、松竹の映画は関西では大阪の朝日座か京都の歌舞伎座で封切られるケースが多かったことがわかる。そして、『船頭小唄』の場合は、京都の歌舞伎座が封切り館となったわけである。

このように、『船頭小唄』は東京だけでなくほぼ同時期に関西でも封切られていたわけだが、人気のほうはどうだったのだろうか。

九十日間の続映伝説

『船頭小唄』には九十日間の続映伝説が語り継がれてきた。東京では麻布松竹館、次いで浅草松竹館で封切られたあと、人気が沸騰し、日延べに日延べを重ねて九十日間も続映したという伝説である。当事者の栗島すみ子も前述の座談会で、阿木の「これが九十日間も続映したんでしょう？」という問いかけに、「あんなのがよく続いたわね。二、三日で作った写真なのにねェ」と答えている。(11)

しかし九十日間といえば三カ月である。いくら人気があったとはいえ、はたして実際に三カ月も続映したのだろうか。京都の封切り館となった歌舞伎座ではわずか一週間の上映で終わっているから、なおさら疑問が残るところである。この点を確かめるべく、当時の新聞のなかでは東京の芸能関係に詳しい「都新聞」の映画興行記事や広告を調べてみたところ、実際は伝説とは大きくかけ離れたものだった。

まず封切り日については先述したとおりで間違いなく、『船頭小唄』は浅草松竹館では『恵まれぬ人』（監督：島津保次郎、出演：関根達発、五月信子など）などとともに三本立てで一月二十一日に封切られている。

では、いつまで上映したのかといえば、わずか十日間だけで、一月三十一日には上映が終了している。そして、二月一日からは同じく栗島すみ子主演の『死にゆく妻』（監督：野村芳亭、配給：松竹、一九二三年）に替わり、こちらは好評につき続映している。

すなわち、『船頭小唄』が日延べに日延べを重ねて九十日間続映したというのはまったくの誤りで、実際には十日間上映されたにすぎなかった。

なお、浅草松竹館に先立って、麻布松竹館で一月八日から封切られたと『松竹七十年史』や「キネマ旬報」（一九二三年二月号、キネマ旬報社）にも書いてあるが、浅草松竹館での封切りにともない麻布での上映は終わっている。

さらに注目されるのは、浅草松竹館での上映が終了したあと、東京では『船頭小唄』の上映がまったく途絶えてしまったことである。別の映画館で上映された形跡を探ってみたが、四月に入ってからようやく京橋松竹館での上映があったことが確認されるにすぎない。それまで二カ月間にわたって、映画『船頭小唄』は東京のスクリーンから姿を消してしまっている。麻布松竹館の分を加えても、東京で『船頭小唄』が封切り時に上映されたのは二十日間程度にすぎなかった。これが東京での実際の公開状況だったのである。

ただ、このことは決して『船頭小唄』が人気がなかったということを意味しているわけではない。後述するように、この映画によって主演の栗島すみ子は一躍人気女優に躍り出ることになり、また、その後に続く小唄映画ブームを生み出したことでもわかるように、『船頭小唄』は日本映画史で重要な位置を占めている映画である。『船頭小唄』は二十日間で十分に、このような大きな影響力を発揮することができたといえるだろう。そして、九十日間続映の伝説はそのままこの映画の重要性を物語っている。

そして『船頭小唄』は松竹の配給網を通じて、全国の地方都市でも上映されていった。

地方都市での上映状況

京都、東京に次いで、『船頭小唄』が上映されたのは大阪だった。松竹の映画は関西では京都の歌舞伎座か大阪の朝日座で封切られるケースが多かったことは前述したが、京都のあと、大阪の朝日座で一月二十八日から上映している。広告では「栗島澄子主演の「船頭小唄」は連日大喝采を浴びております」[12]とうたっている。

以下、二月以降の地方都市での上映状況は次のとおりである。なお、当時の全国にわたる上映状況については資料が残っていないいため、当時の地方新聞を調べることにした。しかし、全国を網羅的にカバーすることは困難であり、各地の主要都市の上映状況を調査することによって全体の傾向を把握することにした。

・福岡・寿座、二月二十二―二十五日、『船頭小唄』『蜂須賀の猫』『海洋の曲馬王』
・札幌・錦座、三月十八―二十三日、『船頭小唄』『美しき悪魔』『お化だお化だ』『誓を立てた女』
・京都・七條エビス館、三月二十二―二十八日、『船頭小唄』『鉄血旗手』『九尾の狐』
・函館・錦輝館、三月三十一―四月六日、『船頭小唄』『いたづら小僧』『潜める力』『誓を立てた女』
・名古屋・千歳劇場、四月十七―二十三日、『船頭小唄』『朝から夜中まで』『剣とバラ』『ハムの東洋ダンス』

・秋田・旭館、四月二十七―五月三日、『船頭小唄』『鉄蹄の跡』『魔の森』『虎狼の巻』
・宇都宮・電気館、五月十八―六月一日、『船頭小唄』『北国の女王』『幸運児』『おれも分からん』
・名古屋・豊富館、六月八―十四日、『船頭小唄』『白虎隊』『無頭騎手』

以上のように北海道、東北から九州までの主要都市で上映していたことがわかるが、上映期間は一週間程度で終わっているところがほとんどだ。なお、主要都市のうち神戸、仙台、青森での上映は確認できなかった。全国のどの都市でも上映したというわけではなかったようである。

なお、神戸では、「ハヤカワ芸術映画社処女作品」と銘打った『水郷情話枯すゝき』という映画が五月二十一日から二葉館で封切られている。[13] ここに登場する「ハヤカワ」という会社は、のちに『籠の鳥』なども製作することになる大阪の早川プロダクション（早川一郎社長）と思われる。[14] 広告には「三浦静枝嬢創演」とあるだけで、映画の内容などは不明で、神戸以外での上映は確認されていない。なお、早川プロについては、終章「その後の展開」で取り上げる。

このように、上映されなかった都市も存在しているものの、『船頭小唄』は全国の多くの都市で上映されていった。

ところで、次に注目したいのは映画と歌との関わり方である。映画のなかで「船頭小唄」はどのように歌われていたのだろうか。

独唱歌手と小唄映画の誕生

無声映画時代なので、当然のことだが映画から音声や歌は出てこない。ではどうするかというと、まず歌の場面になると字幕で歌詞や楽譜を表示する。そして、スクリーンの陰から女性歌手が朗々と歌いだす。こういった形式をとっていた。

したがって、歌をともなう映画の場合には、弁士に加えて独唱歌手が必要になる。映画の上映の際に歌手がナマで歌う方法は、早くも一九一四年（大正三年）に日活が公開した『カチューシャ』（監督：細川喜代松）で採用されていた。[15]

また、「読売新聞」によれば、一九一八年（大正七年）に遊楽館で封切られた『生ける屍』（監督：田中栄三、配給：日活）においても「さすらひの唄」（作詞：北原白秋、作曲：中山晋平）が同じような方法で歌われたが、このときはブームになるまでには至らなかった。後述のように小唄映画のブームは『船頭小唄』によって始まったが、東京で『船頭小唄』を封切る際には、「金龍館二流《にりゅう》所《どころ》のシンガー平野松栄を引っこ抜いて歌はせ[16]」たという。

この平野松栄は金龍館のオペラ歌手で、「不思議なほど上品な灰汁の抜けた麗人[17]」だったという評価も残っている。彼女はこの歌で人気が出たために、松竹館のあと市内各館を回って地方にまで遠征していった。このような独唱歌手としては、ほかに香川静枝、松下京子、村田静子、倉田春枝、松木みどりといった名前が知られている。

地方の映画館でも、同じように女性歌手が歌っていたことが次の「函館毎日新聞」の映画評からわかる。

『船頭小唄』

◆松竹映画の脚色家で老練な伊藤大輔の原作で三つの歌詞からヒントを得た物である◆テーマは船頭律太が他人の恋を救うと共に自分等の恋も忠実に救はなければならないと云ふ処にある◆かうしたローマンテックな映画には染色とカメラの位置とを今少し芸術的に頭を働かして欲しかつた美しいばかりが芸術でない◆映画の唄に連れてコーラスした天野艶子と大谷八重子の歌調は自分の思つたより高尚であつた事と両嬢の合唱が観客のローマンテックな雰囲気をより以上デリケートに高潮さしたことを喜ばしく思つた◆河井の味のある明快な説明も良かつた(武坊)[18]。

函館では二人の女性歌手が合唱して、観客の雰囲気をより一層盛り上げたという。この女性歌手たちの出自などは不明だが、名前が明記されていることから地元ではある程度知られていたものと思われる。

また、歌が歌われる際には何らかの楽器の伴奏があったが、映画館によってさまざまであり、大きな映画館ではこの時期オーケストラを備えるところも増えてきていた。名古屋の千歳劇場では「船頭小唄は映画と云ひオーケストラと云ひ上出来であつた[19]」という投書から、伴奏はオーケストラでおこなっていたことがわかる。

なお、その後の小唄映画では、歌手に合わせて観客も一緒に合唱するようになっていくが、『船頭小唄』の場合にも合唱がおこなわれたかどうかは記録が残っておらず、不明である。

このように、『船頭小唄』は流行小唄を主なモチーフにしている映画で、のちに「小唄映画」と呼ばれるようになる一連の映画の最初に位置する作品である。というより、「小唄映画」の創始者、元祖といったほうが正確かもしれない。

「小唄映画」とは、市中で流行している流行小唄を題材にして、そこから物語を組み立てて映像化した映画のことで、映画のなかには必ず流行小唄を挿入する決まりがある。小唄映画という名称自体はまだ『船頭小唄』のときには使われていなかったが、その後、さかのぼって言及されるようになり、その結果、一九二三年(大正十二年)の『船頭小唄』が最初の小唄映画として位置づけられるようになった。すなわち、『船頭小唄』の登場によって、小唄映画という歌を主たる題材にした、これまでにない新しいジャンルの映画が誕生したのである。

そして、松竹では『船頭小唄』に続いて、同じく栗島と岩田の主演による小唄映画『水藻の花』(監督:池田義信、一九二三年)を製作し、関東大震災後にも『山中小唄』(監督：小澤得二、一九二三年)を封切っている。ほかの映画会社もこれに続いて小唄映画を作るようになり、なかでも震災の翌年に封切られた帝国キネマの『籠の鳥』(監督:松本英一)によって小唄映画の一大ブームが巻き起こることになる。これについては第4章で取り上げる。なお、小唄映画全般の歴史については、笹川慶子が詳細な研究をおこなっている。(20)

3——スター女優の誕生

「栗島すみ子」というスター女優の誕生

このように、『船頭小唄』は小唄映画という新しいジャンルの映画の創始者になったが、さらに、「スター女優」というその後の日本映画になくてはならない重要な構成要素をも生み出した。栗島すみ子というスターの出現である。栗島は「日本映画で最初のスター女優」(21)とされ、栗島の出現によって、それまでの女形の時代に代わってスター女優の時代が始まる。

彼女は劇作家の栗島狭衣《さごろも》の娘として育ち、幼い頃から舞台に立ったり日本舞踊を習ったりしていたが、十九歳のときに、設立されたばかりの松竹キネマに入社する。そして、一九二一年(大正十年)の『虞美人草』(監督:ヘンリー小谷、配給:松竹、一九二一年)で人気を獲得し、その後も『己が罪』(監督:賀古残夢、配給:松竹、一九二一年)や『不如帰』(監督:池田義信、配給:松竹、一九二二年)などに出演していく。そして、栗島すみ子の人気を決定的にしたのが『船頭小唄』への出演だった。

それまでの日本映画は日活を中心に女形を使うスタイルが根強く残っていて、女優を登用し始めるのは一九二〇年頃(大正半ば)からだったが、当初はそれほど魅力的な女優が登場してこなかった。そこに彗星のように現れたのが栗島だった。映画研究者の都築政昭は栗島の魅力を「典型的な日本の女性美」と表現し、「特に彼女の眼は魅惑的で、強い近眼のせいもあって焦点が柔らかく夢見心地に見える」[22]と、目の魅力を強調している（図4）。

栗島はとりわけ若年層のアイドルとして熱狂的なファンを獲得し、ブロマイドの人気も高く、ある店では一日に八千枚を売り上げたという伝説もあるほどである。[23]実際に、例えば名古屋のブロマイド店の店頭は次のような様子だった。

諸君よ試みにブロマイド店頭に立たれよ集り来るは給仕丁稚ノラクラ坊先づ「蒲田」を求め栗島のブロマイドを参拝九拝するを見るそれこそ性欲に飢えた「狼の群」であり「ああ無情」である。[24]

図4　栗島すみ子
（出典：「キネマ旬報」1923年4月21日号、キネマ旬報社、国立国会図書館所蔵）

ドイツ文学者の高橋義孝も小学五年生の頃に、街頭の演歌師が「船頭小唄」を歌っていたことや、親の目を盗んで栗島や岩田祐吉のブロマイドを買い込んだ経験を回想している。[25]このように、アイドルのブロマイドはとりわけ若年層にとって重要な視覚的メディアになっていた（図5）。

『船頭小唄』への出演が栗島をこのような

図5　栗島すみ子のブロマイド

若年層のアイドルへと押し上げていったわけだが、その人気獲得の過程を時系列で具体的に示してくれる興味深い資料がある。それは一九二二年（大正十一年）十月から二三年の前半にかけて実施されたある人気投票である。時期が『船頭小唄』の封切り前後であることから、この人気投票の中間発表を逐次追っていくと、『船頭小唄』の公開以降に栗島の人気が急上昇していることがわかる。

雑誌「民衆娯楽」の人気投票

この人気投票は、青年親交会から発行された月刊雑誌「民衆娯楽」に掲載されたものである。青年親交会というのは、演歌師のまとめ役で大御所的存在である添田啞蟬坊が中心になって結成された演歌師の同業団体である。最初は「演歌」というタイトルで一九一九年（大正八年）に創刊され、副題に「流行歌雑誌」とあるように、流行歌の紹介を中心とする雑誌として出発した。その後、より広く民衆娯楽全般に対象を広げて二二年に「民衆娯楽」と改題している。なお、「演歌」「民衆娯楽」ともに神奈川近代文学館の所蔵資料である。

「民衆娯楽」の人気投票は一九二二年（大正十一年）十月から開始されたが、投票の対象になったのは「あらゆる民衆娯楽の仕事に携はる人等」で、具体的には男女優から映画説明者、講談師、落語家、浪花節、義太夫まで当時の一般庶民が親しんでいた大衆演芸全般にわたっている。この時期に、どのような演芸や芸人が民衆に人気があったのかを知るうえで非常に興味深い資料である。その投票結果を、第一回から八回までの中間発表と九回目の最終結果として誌上で発表している。ここでは、ある程度投票数が出そろってくる第三回発表分からの結果を紹介しよう（表1）。

この投票結果から全般的にまず目につくのは、新派俳優から映画に転じた井上正夫の圧倒的な人気ぶりである。第三回から九回目の最終結果までほぼトップを独走している。それに次いで、活動写真弁士の生駒雷遊や喜劇俳優の曾我廼家五九郎などが票を集めている。

さて、ここで注目したいのは、栗島の得票数の推移である。一九二三年（大正十二年）一月の第三回発表では、栗島の名前は得票数が公表された七十三位までにまだ登場しておらず、まったくの圏外である。栗島がリストのなかに登場してくるのは翌月の第四回の二十二位からで、四月になると井上正夫を一票上回ってトップに立つほどの急上昇ぶりをみせている。

このように、栗島の人気が沸騰し始めるのは一九二三年（大正十二年）二月である。その要因になったのが直前の一月に封切られた『船頭小唄』への出演だったことは、時期的にみて明らかである。

第6回　1923年4月	最終結果　1923年7月
①(映画）**栗島すみ子** 822	①(映画）井上正夫 1,530
②(映画）井上正夫 821	②(喜劇）五九郎 1,525
③(喜劇）五九郎 785	③(映画）**栗島すみ子** 1,488
④(説明者）生駒雷遊 613	④(映画）川田芳子 1,392
⑤(喜劇）木村光子 597	⑤(説明者）生駒雷遊 1,386
⑥(新国劇）澤田正二郎 550	⑥(説明者）石井春波 1,279
⑦(映画）酒井米子 545	⑦(映画）酒井米子 1,248
⑧(新内）加賀路太夫 456	⑧(映画）勝見庸太郎 1,225
⑨(映画）勝見庸太郎 455	⑨(喜劇）木村光子 1,215
⑩(新劇）梅島 昇 450	⑩(喜劇）橘 花枝 983

表1 「民衆娯楽」の人気投票結果

第3回　1923年1月	第4回　1923年2月	第5回　1923年3月
①(映画) 井上正夫 209	①(映画) 井上正夫 514	①(映画) 井上正夫 601
②(説明) 生駒雷遊 205	②(映画) 酒井米子 354	②(説明者) 生駒雷遊 446
③(俳優) 梅島 昇 193	③(説明) 生駒雷遊 241	③(新内) 加賀路太夫 438
④(新内) 加賀路太夫 175	④(新内) 加賀路太夫 232	④(映画) 酒井米子 404
⑤(喜劇) 五九郎 156	⑤(俳優) 梅島 昇 207	⑤(旧劇) 澤村伝次郎 385
⑥(落語) 柳家三語楼 155	⑥(旧劇) 澤村伝次郎 198	⑥(喜劇) 五九郎 348
⑦(女優) 村田栄子 106	⑦(旧劇) 澤村源之助 193	⑦(映画) **栗島すみ子** 325
⑧(新国劇) 澤田正二郎 105	⑧(歌劇) 木村時子 175	⑧(新劇) 梅島 昇 323
⑨(歌劇) 木村時子 70	⑨(映画) 英百合子 174	⑨(落語) 柳家三語楼 296
⑩(映画) 岩田祐吉 70	⑩(旧劇) 澤村訥子 160	⑩(新国劇) 澤田正二郎 276
(以下、73位までに栗島なし)	㉒(映画) **栗島すみ子** 82	

栗島は一九二一年（大正十年）にデビューし、『虞美人草』をはじめいろいろな作品に出演し映画ファンの間では人気を集めつつあった。藤木秀朗が紹介しているある映画雑誌の人気投票では、栗島は二二年十月から二三年九月までの計十二回の投票のうち一回だけを除いて毎回トップの座を維持していたという(26)。

しかし、「民衆娯楽」の投票結果をみると、『船頭小唄』出演以前ではその人気はまだ映画ファンの間だけにとどまっていて、映画ファンを超えて広く一般的な人気を獲得するまでには至っていなかったようである。一九二三年（大正十二年）二月からの得票数の急増は、栗島がスター女優として広く一般的に認知されるようになるのは、『船頭小唄』の公開によってであったことを物語っている。このことから、映画『船頭小唄』こそが栗島すみ子という「日本映画で最初のスター女優」を生み出したといえるだろう。

栗島がいかにアイドル的人気があったかを示すエピソードを地方新聞が報じている。

松竹キネマの栗島すみ子、その絵葉書が毎月五十万枚位売れるといふ素晴しい人気だが最近では「すみ子白粉」だの「すみ子手提」「すみ子模様」などゝ勝手な名称をつけ、何れも肖像入りで白木屋その他から売り出されるといふ有様、処が先日大阪の某カフエーの主人が一ケ年二万円ですみ子を貸してくれといつて来たり、又東京方面で五万円出すがどうだと誘惑に来たりするので、それを一々断るだけでも一ト仕事ださうだ(27)。

4―――無声映画と「生の声」の魅力

「映画劇レコード」も十万枚突破

このように、『船頭小唄』は小唄映画というジャンルを誕生させるとともに、栗島すみ子という日本最初のスター女優を生み出したが、さらに、「映画劇レコード」の大ヒットももたらした。映画劇レコードとは映画の場面などをレコードに吹き込んだもので、栗島は回想のなかで、次のように表現している。

私たちのキャストで、映画のさわりの箇所をレコード(ツバメ印レコード、コロムビアの前身)にも吹込んだほどです。その中に、私の歌う「船頭小唄」がありましたが、歌が不得手の私にはどうしてもうまく歌えず、そこだけ他の人でゴマ化したりしたものでした。(28)

ただ、レコード会社については栗島の記憶違いだったようで、『船頭小唄』の映画劇レコードは、実際にはオリエントレコードから一九二三年(大正十二年)の六月中旬に発売されている。オリエントレコードの総目録には、「二五八六―二五八八　船頭小唄(枯れすゝき)(三枚)　松竹シネマ栗島すみ子」と記載され、三枚組みであったことがわかる。

図6　「映画劇船頭小唄」「大阪朝日新聞」1923年7月17日付夕刊

この映画劇レコードについては、新聞広告でもかなり大きなスペースを使って、栗島の顔写真入りで大々的に宣伝している。その効果もあってか、一カ月足らずで十万枚を突破したとうたわれている。「大阪朝日新聞」の広告のキャッチコピーを紹介しよう。


——「お待ちかねの現代映画劇壇のクイン栗島すみ子吹込」

——「暴風的好評、驚く可き売行、彼女が全国的にキネマファンを熱狂せしめつゝあるやうに……品切又品切にならぬうちに今すぐお求めを！　栗島澄子吹き込み」

——「真に斯界稀有の大好評を以て迎えられつゝある……キネマ劇壇のスター栗島すみ子吹込」

——「未曾有の販売力！売出し後二旬ならずして、既に拾万枚を突破す」[29]（図6）

俳優の「生の声」の魅力

映画劇レコードというのはいったいどのようなものなのだろうか。声だけの吹き込みだから、現在のラジオドラマみたいなものだろうか。そうした疑問を抱いて調べてみたところ、幸いにも、このレコードは国立国会図書館の「歴史的音源」に収録されていることがわかった。歴史的音源は公共図書館の「配信提供参加館」でも試聴が可能ということで、早速地元の図書館に試聴に出かけた。

試聴した結果、映画劇レコードとは端的には主役二人による台詞劇だった。『映画劇 船頭小唄(枯れすすき劇)』は両面盤の三枚組みなので全部で六面に分かれていて、最初の一面は栗島の挨拶とあらすじの紹介である。二面から六面までは主役の律太(岩田祐吉)とお君、お品(いずれも栗島すみ子)による台詞の掛け合いで、ときどき音楽の演奏が入るというものだが、「船頭小唄」の歌は吹き込まれていない。この点についても栗島の記憶違いだったと思われる。台詞劇の一例を紹介しよう。四面のなかほどの場面で、お君と律太の会話である。

お君「律太さん、ありがと、私は月の晩でも雨の朝でも船の苫屋でお前と二人で暮らせるんだね、ゆこう、さあ船へ、ゆこう、船へ行って一生を水に暮させよう」

律太「そうだとも、一生を水にまかせて西から東、東から西へ、心のまま、想いのままに行くことにしよう、お君ちゃん、行こう、行こう、行こうよ」

岩田と栗島の感情がこもったこのような台詞劇は、聴く人の心に切々と訴える部分もなくはないが、それにしても、各面あたりの時間がどれも三分程度と短いためにすぐに終わってしまう。また、台詞だけで画面がない映画劇レコードというのは、現在の私たちにとってはいかにも中途半端に感じられるメディアである。では、なぜこのようなレコードが十万枚も売れたのだろうか。

ここで、私たちは無声映画時代の俳優の「生の声」の魅力に注目する必要がある。栗島は対談のなかで、常設館で挨拶する際の人気ぶりについて次のように述べている。

あのころは、無声で声がないでしょ。トーキーじゃないから……。だから、挨拶するっていうのは、声を聞くだけでも大変なの。あの女優がどんな声を出すか、というね。(略)とにかく活動でだけしか見られないのを生で見られると、そしてそれがしゃべったりするから、どんな声を出すんだろうというね。(笑)[30]

憧れのスター俳優を生で見たいという欲求はいつの時代でも変わらないものではあるが、無声映画の時代は、それに俳優の「生の声」を聴きたいという欲求が加わってくる。このような俳優の「生の声」への憧れが、映画劇レコードの「暴風的好評、驚く可き売行」を生み出す原動力になったのである。

そして、『船頭小唄』のヒット以降、ほかの映画でも映画劇レコードを続々と売り出すようになっていく。その意味で、『船頭小唄』は映画劇レコードという無声映画時代ならではの新たなメディアを生み出したことになる。

5――『枯れすすき』劇と替え歌

『枯れすすき』劇も大盛況

ここまで「船頭小唄」の流行過程を、楽譜→演歌師→レコード→映画→映画劇レコードの順で追ってきた。

さまざまなメディア展開による流行の拡散もこれで完結かと思われたが、実はさらにもうひとつの重要な経路が残っていた。「船頭小唄」の劇化、すなわち芝居である。「船頭小唄」の流行について考えるうえで芝居という経路についてはこれまでほとんど注目されてこなかったが、当時の一般庶民の娯楽で芝居が占める重要性は映画と並んで非常に大きかったこともあり、改めて注目する必要がある。なお、「船頭小唄」の芝居は、そのほとんどが『枯れすすき』劇と銘打って上演されるケースが多かったので、以下、『枯れすすき』劇と呼ぶことにする。

『枯れすすき』劇の上演状況を調べてみると、映画封切り後の一九二三年（大正十二年）三月から五月にかけて神戸・大阪・名古屋・京都で上演していて、ここでも圧倒的に西のほうに集中している。どの都市でも満員盛況だったようで、その盛況ぶりを報じる記事や広告を次に紹介しよう。

・神戸：相生座『潮来情話枯すすき』久保田清一派（三月四日頃―十五日）

――「連日満員」「お純が恋を捨て船頭となつて恋人の清二を船で送り出す所に悲歌枯すすきを哀れに唄ふその幕切は頗る好評」

・大阪：芦辺劇場『大悲劇枯れすすき』（仲側紅果氏作・兄弟劇団）（四月一日―）

――「引き続き非常の人気で昨日曜は正午満員の大盛況」

――「青春の血を湧かしめた枯れすすきの唄を劇化しました大悲劇であります」

・名古屋：新守座『大悲劇枯れ芒』熊谷武雄一派（五月五日―十三日）

――「「俺れとお前は利根川の、舟の船頭で暮らそうよ」……と皆様がうたいになる此頃大流行の「枯れ芒」の唄を脚色した大悲劇」

・名古屋：大須宝生座『船頭小唄枯れ芒』伊勢屋親子（五月十九日頃）

――「大好評に付、十三日まで日のべ」

――「大流行の船頭小唄を面白い芝居にした」

・京都：新京極中座『枯れすすき』新進劇一座（五月十二日―二十二日）

――「流行の「枯すすき」を上演中の中座は非常の好人気で連日満員を続けて居る(31)」

『枯れすすき』劇はそれぞれの劇団で脚本を書き、神戸の例にあるように、ラストシーンで「船頭小唄」を歌って幕切れというスタイルが一般的だったようである。映画の興行については松竹の系列館だけの上映という制約が存在したが、芝居に関しては自由だったため、盛んに劇化されたものと思われる。

「貧乏小唄」に「借金小唄」

明治・大正期には、ひとつの歌が流行するとすぐにその替え歌が次々と作られていくのが一般的だった。「船頭小唄」の場合にもさまざまな替え歌が数多く作られていったが、ここでは最もよく知られた三つの替え歌を紹介したい。いずれも演歌師の添田唖蟬坊が震災前に作ったもので、先に紹介した演歌師の機関誌「民衆娯楽」第三十五号(一九二三年)に掲載されている。これらの歌は唖蟬坊が作って演歌師の機関誌に掲載されていることから、実際に演歌師たちによって街頭で盛んに歌われたようである。

貧乏《びんぼ》小唄

▽己はいつでも金がない　同じお前も金がない
　どうせ二人はこの世では　金の持てない貧乏人
▽泣くも笑ふもねえお前　質の流れに何変ろ
　己もお前もボロ〳〵の　きもの一つで暮さうよ
▽破れ窓から覗いてる　丸の裸のお月さん
　わたしや死ぬまでボロ〳〵の　貧乏長屋でくらすのよ

のんだ小唄

▽己は名代ののんだくれ　同じお前ものんだくれ
どうせ互ひにしらふでは　活きて居れないのんだくれ
▽のむものまぬもねえお前　人のお世話に何ならう
己もお前も飲仲間　のんでのんで〳〵暮さうよ
▽電車なくなりやテクるのさ　うちにお前は嬶《かゝ》がある
おれはこれから吉原の　船の船頭でさわぐのよ

隠亡《おんぼう》小唄
▽俺は焼場の火葬夫《おんぼやき》　同じお前もオンボヤキ
どうせ二人は世の中の　人の好かないオンボヤキ
▽オンボヤキでもねえお前　人の価値《ねうち》に何変ろ
俺もお前もとも〴〵に　焼場《やきば》のオンボで暮さうよ
▽黒い煙にむせてゐる　焼場の上のお月さん
俺も焼かれる時が来る　それまでオンボで暮すのよ

このほかにも、「民衆娯楽」誌は読者からの替え歌を盛んに掲載している。

「借金小唄」（俺は借りても払はない　同じお前も払はない）（第四十号、一九二三年）

「貧しき二人の唄」（俺は都の枯れ柳　同じお前も枯れ柳）（同誌）
「身投小唄」（オレはお前の恋人よ　あなたは私の恋人よ）（第五巻第六号、一九二三年）
「我利々々小唄」（俺は頑固な高利貸　同じお前も高利貸）（同誌）
「百姓小唄」（俺は田舎の土百姓　同じお前も土百姓）（第五巻第九号、一九二三年）

これらの替え歌は実際に歌われてもいたようで、「先生の船頭小唄は例も乍らお手に入ったもの。失礼乍ら敬服して早速唄つてみました。元唄より深刻味があつて面白い」（第四十号）、「船頭小唄の替歌貧乏小唄借金小唄皆々面白い、僕は之等の唄を唄ひながらバイオリンを弾くのが何より楽しみだ」（第五巻第六号）と、実際に歌った例の報告があり、かなりの反響を呼んでいることがわかる。

以上のように、レコードや映画、芝居、さらには替え歌といった回路を通じて「船頭小唄」は大流行していった。では、実際に人々はこの歌をどのように歌っていたのだろうか。この歌が人々の生活のなかで実際に歌われている場面に接近して、その歌われ方を探ってみよう。

6――「船頭小唄」を歌う人々

「船頭小唄」を歌う若者たち

明治・大正期の新聞や雑誌などには、商店の小僧が配達しながら流行歌を歌っているという記述がしばしばみられる。一九二三年（大正十二年）の新聞には、ハーモニカで「船頭小唄」を吹きながら自転車に乗っている小僧が登場してくる。

◆此頃は商店の小僧さんや配達が自転車に乗りながらハーモニカを吹き鳴らすことが流行してゐるが、昨日の朝駒込の妙義坂を勢ひよく降つて来た一人の小僧さん例によつて「花も咲かない枯れすゝき……」なんてやつて来た鼻面を横合からヌツと出た荷馬車曳き君が「オイ気をつけろ」とどやした不意打にびつくりして自転車から真ツ逆さまに転げ落たもよいが車台につけた正宗やサイダーが音を立てゝ流れ出したは飛んだ利根川◆[32]

商店の小僧たちはこのようにハーモニカで演奏したり歌を歌ったりしながら、都市内を縦横に移動していた。彼ら若年層は元来流行に対する感覚が鋭く、いち早く流行歌を覚えて歌うことに熱心だった。

似たような例として、一九二三年（大正十二年）に房総半島の海岸で子守娘たち数人が「船頭小唄」を歌っていた例を、中山晋平が回想のなかに書き残している。

地震のつひ二月程前、房州のさる海岸で十三四ぐらゐの子守つ娘が二人三人、荒み切つた声を振り絞るやうにして、あれを謡つてゐるのを聞いた時、吾れ乍ら穴にでも這入つて仕舞ひたい程、いやな気持がいたしました。[33]

この二つの例からわかるように、商店小僧や子守娘は働きながら、そのかたわら流行歌を歌うことを楽しむ習慣があったが、一九二三年（大正十二年）には、彼らが仕事のかたわら口ずさむ歌のなかで、「船頭小唄」が重要な位置を占めるようになってきていたのである。

もうひとつ例をあげよう。大阪の駅に勤める女性たち、いわゆる職業婦人も「船頭小唄」を愛唱していた。大阪梅田駅の切符販売窓口の娘たちは、勤務終了後は駅構内の宿直室で寝ていたが、朝になってもなかなか起きてこない。

そこで警手は拳を固めて扉を先づ叩き、次に殴り、次に蹴る、そして「オーイ朝になつたぞ、起きろ〳〵」と怒鳴るかうなつてくると満更知らぬ振りもしてゐられぬのでソロソロ目を開くが中には流行唄「枯すすき」や流行標語「皆目えーぞ」を声たからかに唱へて元気をつけ刎ね起きる女丈夫もある。(34)

朝から「枯れすすき」を歌うというのも面白いが、それだけこの歌が駅に勤めるこれらの若い女性たちの生活に深く溶け込んでいたことがわかる。

ここまで、「船頭小唄」が同時代の人々の生活のなかで実際に歌われている場面をいくつか取り上げてきた。これらの例から、特に流行に敏感な若年層の間に「船頭小唄」が急速に浸透していった様子がわかるだろう。その多くが若年労働者でもある彼らは自らの仕事のかたわら、「船頭小唄」を愛唱していた。そして、彼らが歌うことによって、その流行が周囲にもさらに伝わっていくという相乗効果が発揮されていった。

大地震直前の八月に銀座で大合唱

「船頭小唄」の流行拡大には、映画による効果も大きかった。映画化された『船頭小唄』が大ヒットすることによって、出演した栗島すみ子をはじめとする俳優たちも、またそこで歌われた歌も大衆的な人気を獲得していった。

映画に出演した俳優たちと「船頭小唄」の歌の人気ぶりを象徴するエピソードが残っている。大地震の直前の八月に、松竹の大谷竹次郎社長と栗島すみ子や岩田祐吉をはじめとする松竹蒲田撮影所の俳優たちが「銀ブラ」をしていたところ、たちまち大勢のファンに取り囲まれてしまった。

件《くだん》のフワン連中、あれがおすみちやんだ、こつちのが梅村蓉子だ、岩田がゐる勝見がゐる諸口がやあ歩いてゐる（略）その中《うち》に包囲してゐた群集諸君、誰が音頭をとるともなく合唱を始めたのが「船頭小唄」銀座のぬしもコレには驚くばかり、処が大谷社長けゞんな顔をして翌日社へ出勤に及び、昨夜世間の皆さんが唄つたのはあれは何処のはやり唄だと質問に及ぶ、困りましたなあれは蒲田映画の「船頭小唄」で当今大はやりなのです、はゝあそうか、君達も知つてゐるのですか、えゝ知つてゐますともキネマの社員は勿論小使いさんまで知つてゐるので大谷君キヨトンとして、いや燈台もとくらし、俺も今夜から習ひませう[35]。

銀座で松竹の俳優たちを取り囲んだファンの群衆が「船頭小唄」を大合唱したという。大谷社長だけがその歌を知らなかったというオチだが、映画の威力をまざまざと見せつけられるような光景である。こうして映画との相乗効果も相まって、歌のほうもますます大流行していった。

ところで、この銀ブラのエピソードは大地震直前の八月のことである。この頃には、レコードと映画と芝居を通じて「船頭小唄」の人気はピークに達しつつあった。そして、銀座でファンの群衆が「船頭小唄」を大合唱したその約一カ月後に、あの関東大震災が起きたのである。

注

(1) 田中純一郎、本地陽彦監修『秘録・日本の活動写真』ワイズ出版、二〇〇四年、二四八ページ
(2) 池田義信「船頭小唄の想い出」「コピライト」一九六六年三月号、著作権情報センター、三ページ
(3) 林靖治編『女優事始め――栗島すみ子・岡田嘉子・夏川静枝』平凡社、一九八六年、六四ページ
(4) 同書六六ページ
(5) 同書四六―六八ページ
(6)「キネマ旬報」一九二三年一月一日号、キネマ旬報社、五ページ
(7)「京都日出新聞」一九二三年一月九日付
(8)『松竹七十年史』松竹、一九六四年、二四九―二五〇ページ
(9)「読売新聞」一九二四年十月十八日付

(10)「京都日出新聞」一九二三年二月二十日付夕刊
(11)前掲『女優事始め』九二ページ
(12)「大阪朝日新聞」一九二三年二月一日付夕刊
(13)「神戸又新日報」一九二三年五月二十一日付
(14)「『籠の鳥』をめぐって、いま作者騒動が」「週刊平凡」一九七三年八月十六日号、平凡出版、一八二―一八四ページ
(15)永嶺重敏『流行歌の誕生――「カチューシャの唄」とその時代』(歴史文化ライブラリー)、吉川弘文館、二〇一〇年、七一―七三ページ
(16)「読売新聞」一九二四年十月十八日付
(17)山地幸雄『国民娯楽演芸読本』朝日書房、一九四二年、一九八ページ
(18)「函館毎日新聞」一九二三年四月五日付
(19)「名古屋新聞」一九二三年四月二十五日付
(20)笹川慶子「小唄映画に関する基礎調査――明治末期から昭和初期を中心に」、演劇研究センター編「演劇研究センター紀要」第一号、早稲田大学演劇博物館、二〇〇三年
(21)四方田犬彦『日本映画史110年』(集英社新書)、集英社、二〇一四年、六四ページ
(22)都築政昭『シネマがやってきた!――日本映画事始め』小学館、一九九五年、二三五ページ
(23)同書二三六ページ
(24)「名古屋新聞」一九二三年三月二十七日付
(25)高橋義孝『この日この時』新潮社、一九五九年、四七ページ
(26)藤木秀朗『増殖するペルソナ――映画スターダムの成立と日本近代』名古屋大学出版会、二〇〇七

年、二六四ページ
(27)「山陽新報」一九二三年六月六日付夕刊
(28)時雨音羽監修『大正琴でつづる明治百年――明治・大正・昭和の流行歌』日本ビクター、一九六八年、二九ページ
(29)「大阪朝日新聞」一九二三年六月十七日付夕刊、六月二十四日付夕刊、六月二十八日付、七月十七日付夕刊
(30)前掲『女優事始め』九六ページ
(31)「神戸又新日報」一九二三年三月四日付、三月五日付、「大阪朝日新聞」三月三十一日付夕刊、「名古屋新聞」五月五日付、五月十一日付、五月十三日付、「京都日出新聞」五月十九日付
(32)「都新聞」一九二三年七月二十九日付
(33)前掲「民謡作曲」一二ページ
(34)「大阪朝日新聞」一九二三年三月二十五日付夕刊
(35)「都新聞」一九二三年八月七日付

第3章――関東大震災と復興の街に流れた歌

1――関東大震災と天譴論

一九二三年九月一日の関東大震災

一九二三年(大正十二年)九月一日の午前十一時五十八分四十四秒、大地震が発生した。マグニチュード七・九の本震に続いて、その数分後にも強い余震があった。発生時刻が土曜日のちょうど昼食の時間帯だったために、各地で火災が発生し、折からの強風にあおられてどんどんと周囲に燃え広がっていった。火災の勢いは衰えることなく二日間にわたって燃え続け、完全に鎮火したのは九月三日のことである(1)。

その結果、東京では下町地域の大部分を焼失し、また、横浜市の被害も大きかった。地震とそれに伴う火災による住家被害は三十七万棟にのぼり、死者・行方不明者は十万人を超える大災害になった。私たちの記憶にまだ新しい二〇一一年の東日本大震災の死者数一万五千余人と比べても、その被害の大きさが理解できるだろう。

東京の中心部は一面の焼け野原となり、焼け出された罹災者の多くは地方へ避難し、谷崎潤一郎をはじめとする文化人たちも関西へと移住していった。その結果、十一月十五日に東京市が実施した人口調査によれば、東京市の人口は震災前の二百四十九万人から百五十二万人に縮小し、一挙に百万人近い人口が減少していたという(2)。

しかし、このような統計データ以上に、例えば本所被服廠跡に避難した住民三万八千人が猛火に襲われて焼死した悲劇や、流言飛語による朝鮮人虐殺事件などの痛ましい記憶が、大震災の悲惨さを現在の私たちに伝えている。ただ、この大震災についてはこれまでも膨大な数の研究が積み重ねられてきていて、詳細はそれらの研究に譲ることにして、ここで取り上げたいのは大震災後に唱えられた「天譴論《てんけんろん》」についてである。というのも、「船頭小唄」がこの天譴論の標的にされる事態が起きたからである。

震災は「天のとがめ」

「天譴」という言葉は現在ではほとんど使われなくなっているが、漢和辞典によれば、「譴」という漢字は「せめ、つみ、とがめ、おしかり」という語義をもち、「天譴」とは「天のとがめ」という意味になる。わかりやすく「天罰」と説明している国語辞書もある(3)。震災後、にわかに盛んになってきた天譴論とは、「関東大震災は天のとがめによるものである」とする説のことである。

この天譴論を最も早く唱えだしたのが実業家の渋沢栄一である。彼は震災後十日あまりのちの新聞各紙で天譴について論じている。ここでは、「万朝報」の記事を紹介しよう。

禍を転ぜよ

渋沢子語る

今回のしんさいは、未曾有の天さいたると同時に天譴である、維新以来、東京は政治経済其他全国の中心となつて、我国は発達して来たが、近来政治界は犬猫の争闘場と化し、経済界亦商道地に委し、風教の頽廃は有島事件の如きを讃美するに至つたから、此天さいは決して偶然ではない、然し此の天さいが全国民の警鐘となつて、一大覚醒を与へ、一時萎縮せる東京市民が捲土重来、禍を転じて福とする方法を講ずると共に、積極的に大東京再建に努力するならば、不幸中の幸である。(4)

渋沢の発言の趣旨は、震災は政治・経済の堕落や「風教の頽廃」に対する天からの警鐘としての天譴であり、これを機に覚醒して東京再建に努力せよということである。渋沢はこのような天譴論をその後も新聞や雑誌などでたびたび展開していくようになるが、その際に、天譴の趣旨をわかりやすく次のように表現している。

斯かる大災禍が、特に国家繁栄の中心地たる帝都や、之に隣接せる市街等を粉砕するに至つたのは、そこに何等か天意の存するものがあるのではないか。天意拡大にして、固より吾々の測り知るところではないが、之を天譴として、人々は深く肝に銘ずべきであらう。(5)

このような渋沢の天譴論は大きな反響を呼び、その後、芥川龍之介や内村鑑三、近松近江をはじめさまざまな人々が相次いで論じるようになり、震災後の論壇の重要なテーマになっていく。

さらに、天譴論で非難された「風教の頽廃」はその後、大正天皇の名で摂政から十一月十日に発せられた「国民精神作興ニ関スル詔書」でも、震災前の「浮華放縦ノ習」「軽佻詭激ノ風」を激しく指弾しながら継承されていく。

そして、この流れのなかで、「風教の頽廃」の象徴として標的にされ始めたのがほかならぬ「船頭小唄」だった。

2———「船頭小唄」批判と音曲自粛

幸田露伴の「船頭小唄」批判

「船頭小唄」が標的になるきっかけを作ったのは、「東京日日新聞」の夕刊一面に十月三日から三回にわたって連載された、幸田露伴による「震は亨る《とほ》」と題する論説だった。漢文調の非常に難解な文章だが、その趣旨は、震災前の社会は高慢、増長、慢心、外道そのものであり、そのことを

「懼《おそ》れてつゝしみ」修省すれば、また福来たりて幸い至る、そのことを我々は改めて悟るべきだ、といった内容である。

そして、連載の二回目で災害と歌との関わりについて言及し、大きな災難に先立って忌まわしい歌が歌われた例を露伴はいくつかあげているが、そのなかに「船頭小唄」が登場してくる。

このたびの大震大火、男女多く死する前には、

「おれも河原の枯れ芒、おなじおまへも枯れ芒、どうせ二人がこの世では、花の咲かないかれすゝき」

といふ謡が行はれて、童幼これをとなへ、特に江東には多く唄はれ、或ひはその曲を口笛などに吹くものもあつた。その歌詞曲譜、ともに卑弱哀傷、人をして厭悪の感をいだかしめた。これは活動写真の挿曲から行はれたので、原意は必ずしもこのたびの惨事を予言したものでも何でもないが、大震大火が起こつて、本所や小梅、至るところ河原の枯れ芒となつた人の多いに及んで、唄ふものはパツタリとなくなつたが、回顧するといやな感じがする。(6)

この文章はどのように読まれるだろうか。「河原の枯れ芒」という卑弱な歌が童幼にまで歌われ、厭悪の感を抱かしめた。その結果、震災が起きて、いたるところが「枯れ芒」となってしまったのだ。そう読まれても無理からぬ文章である。露伴自身は「原意は必ずしもこのたびの惨事を予言したものでも何でもないが」と断ってはいるものの、文章の流れからはそう解釈されるのが自然だろ

う。

露伴はさらに続けて、これまでも「忌はしい謡」が「事変の前表予告」とされることが多かったが、「いやな歌詞や音楽や風俗化粧などは兎に角になくてほしいものであらねばならぬ」と結論づけている。

来たるべき災難を事前に予兆する歌は古来「わざうた（童謡）」と呼ばれてきたが、露伴の論説は結果として、「船頭小唄」の流行を大震災と関連づけ、「船頭小唄」を大震災を予兆する「わざうた」としてとらえる視点を打ち出したものだった。

ただ、文章自体が漢文調で非常に難解であり、また、夕刊への掲載ということもあって、この論説がすぐに直接的な反響を呼んだ形跡はみられない。しかし、露伴が提起した「船頭小唄」の流行を大震災の予兆ととらえる考え方は、その後いつの間にか一般的に流布していったようである。そして、「あんな不吉な歌がはやったから、大震災が起きたんだ」という非難に長い間苦しめられたのが、ほかならぬ作曲者の中山晋平だった。

中山晋平の苦悩

中山晋平は多くの回想を残しているが、そのなかで「船頭小唄」に言及する際には必ずといっていいほど、苦渋の色がにじんでいる。

殊に枯薄の「船頭小唄」の如きは歌詞も曲調も甚だ感傷的であるといふので或る方面からは可

なり手厳しい非難を戴きました。大正十二年の震災はあの枯薄に招れて来たといふやうなナンセンスを真面目に言はれた人さへありました。[7]

ここで晋平が言及している「或る方面」というのが幸田露伴であることは明らかで、別の回想では「「あんなヤクザな唄が流行つたから大正十二年の様な大地震があつたのだ」と、「東京日日」で幸田露伴氏だかが、有りがたい極めをつけて下すつたさうです」[8]と明確に書いている。

そして、このような非難を晋平はその後も長年にわたって苦にしていた。日本放送協会で芸能関係のプロデューサーを務めていた丸山鉄雄によれば、一九四〇年（昭和十五年）に「明治・大正・昭和の流行歌」と題するラジオ番組を企画した際に、大正篇を担当した晋平が自ら選んだ曲目のなかには当初「船頭小唄」は含まれていなかった。しかし、「大正時代の流行歌としてぜひ入れていただきたい」という丸山の説得で曲目に加えることになったが、晋平は放送のなかで次のように解説したという。

この歌が盛んに歌われていたときに関東大震災が起こったので、当時は、こんな頽廃的な歌がはやるから、天罰がくだって大震災が起こり、東京が〝枯れすすき〟の焼け野原になったのだなどといわれ、ほんとうに申しわけない気持ちがした。[9]

一九四〇年（昭和十五年）といえば、「船頭小唄」の流行から二十年近くあとのことである。天譴論に由来する「船頭小唄」へのかつての非難が、晋平の心にトラウマ的な傷となって長く残っていたことを示すエピソードである。

震災後、「船頭小唄」は歌われなくなったのか

では、震災後に「船頭小唄」は歌われなくなったのだろうか。先に引用した「震は亨る」のなかで、露伴は震災のあと「船頭小唄」を「唄ふものはパッタリとなくなつた」と述べている。また、内田百閒の『百鬼園百物語』にも「「枯れ薄」の歌は地震後余り聞かなくなった」[10]と書かれている。実際にそうだったのだろうか。

この点については関係する資料があまりなく、はっきりしたことはわからないが、少なくとも地震直後から年末までは非常な混乱のなかにあったから、歌われなくなった可能性が高い。

しかし、ここでひとつ注意したいのは映画である。地震直後の十月から十一月にかけて、『船頭小唄』を東京市内の複数館で上映しているのである。

・十月二十六日―　動坂松竹館、『水郷哀話船頭小唄』『新時代映画地獄』
・十一月二日―　品川帝国館、『船頭小唄』『夢か夢中』『加茂祭』
・十一月九日―　池袋平和館、『水郷情話船頭小唄』『暗号の四美人』

地震後まだ一、二カ月しかたっていない東京市内の映画館で、早くも『船頭小唄』の映画を上映

していた。そして、前述したように、上映の際には歌手によって歌も歌われるのが恒例だったから、観客はそこで「船頭小唄」の歌を聴いたはずである。

このことは、天譴論や幸田露伴の論説での非難にもかかわらず、東京の民衆層には、「船頭小唄」への批判的感情がそれほど存在しなかったことを意味しているように思われる。「船頭小唄」への反感が存在していたら、そもそも映画が複数館で上映されるということはありえなかったはずである。

そのことを示すように、翌一九二四年（大正十三年）以降になると、「船頭小唄」は再び映画やレコードで人気を取り戻し、盛んに歌われるようになっていく。

ただ、それに入る前に、震災後の音曲自粛問題に触れておきたい。震災直後に「船頭小唄」が歌われなくなった背景には、音曲全般にわたる自粛機運の高まりがあった。

震災後の音曲自粛と娯楽の復活

震災直後、東京で全般的に音曲停止状態に陥ったのは当然のなりゆきだったが、遠く離れた大阪の花柳界でも地震直後は「音曲停止で三味線は固より、高笑ひの声すらせず御通夜に来た時のやうな顔をして帰つて行く[11]」状態だったと「大阪朝日新聞」が報じている。

東京ではなおさらに市民は音曲を鳴らすこと自体に対してことのほか過敏になっていた。民衆娯楽の調査・研究に従事していた権田保之助によれば、「十日過ぎて蓄音機をかけて自警団から怒鳴り込まれた家が可なりあつた[12]」という。

このような音曲自粛状態はその後一カ月たっても続いていた。十月の新聞の投書欄には、「一カ月たったからピアノの稽古をしてもいいでしょうか」という相談が寄せられている。これに対して次のような回答がなされているが、当時の人々がいかに周囲への気遣いを要求されていたかを示すものである。

其筋の意見に依つても、上つ調子にならぬ以上は差支へない様です、併し人心が安定して来た様なものゝまだ〳〵悩み苦しんで居る人が沢山ありますからつまらぬ反感をかはるゝのもつまらぬことです、小学校でまだ始業されぬ処が多いのですし、職業的にやつて居らしつやるのでもないのですし御近所の人から何の彼のと噂をたてらるゝのも御迷惑と存じます故、今暫くお待ちなすつた方がお為かと存じます、一度避難地なり、バラックなりの実際をよく御覧なさるがよい。(13)

音曲は近所にも響くことから、つまらない反感を買わないほうがいいのではという回答だが、実際に毎晩謡曲をうなって近所の反感を買った例がある。

僕の近所に山田龍雄と標札打つた家がある、時節柄をも顧みず毎夜謡曲を唸つて居る、夜警の人達が見兼ねて忠告しても更に改めない如何なる種族のものかと調べて見たらこれが新聞で見た二階放尿居士京橋税務署長だつた(代々木初台夜警子(14))

ここで注目されるのは、音曲に対しては、単に近所から反感を買うというレベルにとどまらず、「夜警の人達」が直接忠告に乗り出している点である。先に紹介した蓄音機をかけて自警団に怒鳴り込まれたという例とあわせて考えると、地震後の音曲自粛は地域共同体の住民が必ず守らなければならない強制的なルールになっていたことがわかる。

しかし、人々の娯楽への欲求はそれほど長く抑え付けられるものではなかった。映画館や寄席は地震によって壊滅的な被害を受け、興行関係は全面的に停止になっていたが、震災によって非常な痛手を被った民衆には、せめて娯楽によって荒んだ心を慰めたいという欲求が時とともに膨らみつつあった。

こうした要望に応えて、いよいよ十月一日から映画館と寄席が興行を再開した。とりわけ市内数カ所で再開された映画館には民衆が殺到して、定員の三倍以上を詰め込んだ映画館もあったという。(15)その後、日比谷公園の音楽堂などを舞台にして、澤田正二郎の野外劇や浪花節、講談などの演芸会、音楽演奏会などの罹災者慰安のさまざまな催しが相次いで開かれ、震災で傷ついた民衆から大きな歓迎を受けた。

十二月に入ると浅草の映画館街も復活して次々と営業を再開し、浅草は震災前のにぎわいを取り戻して、人々の娯楽への欲求を何とか満たせるようになってきた。そしてようやく、映画『船頭小唄』の人気も復活してきた。

3——「船頭小唄」が再び歌われる

映画『船頭小唄』の人気復活

映画『船頭小唄』が震災後の十月から十一月に東京市内の複数館で上映され始めていたことについては先にみたが、翌年の一月以降も毎月のように上映されるようになる。

・一月三十一日——浅草松竹館、『水郷哀話船頭小唄』『金色夜叉』
——「説明主任：染井三郎　奏楽：松竹管弦楽団　松竹キネマ専属平野松栄独唱」
・二月二十二日——亀戸電気館、『船頭小唄』『鉄路の猛者』『奴の小万』
・三月十四日——神田館、『水郷情話船頭小唄』『散りにし花』『白鳥の死』
・四月四日——牛込羽衣館、『船頭小唄』（小唄週間『水藻の花』『山中小唄』）
——「独唱：松竹キネマ専属平野松栄、松下京子」
・五月九日——恵比寿帝国館・渋谷劇場、『水郷哀話船頭小唄』『感じの好い映画集』『絶海の狼』
——「松下京子独唱」

・五月二十三日――新富座、『水郷哀話船頭小唄』『日曜日』『黒川博士』『映画になる迄』
――「松下京子独唱」
・六月十三日――共楽館、『船頭小唄』『スイートホーム』『生に勝つ力』
――「倉田春栄独唱」
・七月四日――錦糸館、『船頭小唄』『鰻』『繞る秘密』

このように、震災の翌年に入ると、市内の松竹系の映画館では毎月どこかで『船頭小唄』を上映していた。そして、そこでは、平野松栄や松下京子といった独唱歌手によって、「船頭小唄」が松竹管弦楽団の伴奏をバックに歌われ、観客はそれに聴き入っていたのである。この上映記録は、震災後でも、映画『船頭小唄』が根強い人気を維持していたことを示している。

レコードの新譜も発売

さらに注目されるのは、レコードでも「船頭小唄」の新譜を各社が相次いで発売していることである。次のリストは新聞広告で確認できたものだけなので、このほかにもまだまだ発売している可能性がある。

・ニットー　四月新譜　小唄管弦楽「枯れすゝき、花園の恋、流浪の旅、森の娘」
・オリエント　四月新譜「船頭小唄栗島すみ子――「真にこれレコード界の新レコードとして、稀有の好評を博しつゝある」」
・ヒコーキ　五月新譜　新小唄「船頭小唄」「水藻の唄」鳥取春陽
・日本蓄音器　六月新譜　小唄「安来節」「枯れすゝき」相良愛子
・オリエント　七月新譜　流行唄「船頭小唄」「水藻の唄」鳥取春陽

四月以降、毎月のように新譜が発売されている。このことは、「船頭小唄」のレコードが売れる商品だったこと、それだけの需要が確実に存在していたことを物語っている。「船頭小唄」の人気は震災後も衰えていなかった。

もちろん、レコードの販売網は全国にわたることから、大震災の被害を受けなかった地域では、以前と変わらず「船頭小唄」のレコードが売れたとしても不思議ではない。しかし、「こんな頽廃的な歌がはやったから地震が起きた」という天譴論からくるイメージとは実際には異なり、震災以降も「船頭小唄」の人気が変わらずに続いていたことを、ここでは改めて確認しておきたい。

そして、実際に、一九二四年（大正十三年）に入ると「船頭小唄」は再び人々に歌われるようになっていく。

復興の街で「船頭小唄」が歌われた

中山晋平は回想のなかで、「「枯れすゝきの唄」が震災後、あの隆々たる復興と建設の中に、尚も歌ひ続けられて行つたと云ふことは、民衆の歌と云ふものゝ本質を、最も瞭《はつきり》示した実例であると信じて居る」[16]と語っている。

まず地方では、一時的な自粛気分が過ぎると、再び映画の『船頭小唄』が上映され始めた。例えば「都新聞」の「諸国の噂」欄に、盛岡市で「此の頃市中で例の松竹キネマの栗島すみ子の「船頭小唄」がはやり出してきたさうな」[17]とある。地元の「岩手日報」を調べてみると、一月に市内の内丸座で映画を上映し、また藤沢座でも新派による『船頭小唄かれすゝき実演』を興行していて、映画が再び人気を集めるようになってきていることがうかがえる。

また、大阪では、四月に天王寺公園で二人の子どもの演歌師がバイオリンを鳴らして「船頭小唄」を歌っていた例が報告されている。


天王寺公園あたりのあちらこちらに佇んで小さな咽喉から惨《むご》たらしい声を絞り出し、一銭二銭の合力《がふりき》を受けてゐた二人の子供があつた。

浪花節がはやらなくなつて、誰も一銭二銭投げてくれなくなると今度は「わたしや河原の枯れ薄、同じお前もかれ薄、どうせふたりはこの世では、花の咲かない枯れ薄」を唄ひながら古いヴアイオリンを鳴らして新世界のあたりを飴を売つてあるいた。[18]

東京でも、震災後に民衆が「船頭小唄」を歌っていた例が、ユーモア作家玉川一郎の自伝に登場する。玉川は震災のときはちょうど朝鮮の釜山に出かけていたが、震災後に帰国して、受験予定の東京外国語学校の再建予定地を十二月半ば過ぎに下見に出かけた。その帰り道の夕方だった。

水道橋まで来ると、左り手の砲兵工廠の煉瓦塀は刑務所の塀を思わせるほど長く暗く、右側の掘っ立て小屋みたいに建ち並んだ、馬肉屋や、うどん屋から、「籠の鳥」や「船頭小唄」を歌う、酔っぱらいのダミ声が、早くも聞えていた。

「オゥレは河原の枯れすすき、同じお前も枯れすすきなんて、不漁《しけ》た唄が流行ったのが、大震災の前ぶれだったんだよ」

などと銭湯で、けなしながら、誰も彼も、湯気の中で、板壁に描かれた三保の松原や、空に舞う天女に、この歌を聞かせたのであった。(19)

震災後に増えたバラック建ての飲食店から、酔っ払いの中年男性たちが歌う「船頭小唄」が聞こえてきたという。罹災した人々の沈んだ気分にこの歌がぴったり合っていたものと思われる。

また、万世橋駅の小荷物取扱所で、発送に来た小僧や番頭が待ち時間のあいだに「枯れ薄」や「安来節」「鴨緑江節」をうなっていたという記事も五月の新聞に載っている。(20) こうして、復興へと向かいつつある東京市内のあちこちから、「船頭小唄」を歌う老若男女の声が再び聞こえてきたのだった。

それにしても、「船頭小唄」は先ほどの玉川の自伝でも酔っ払いが「不漁《しけ》た唄」と評しているように、決して明るい歌ではない。震災で苦しむ人々を励ますような、もっと元気が出る復興歌はなかったのだろうか。実は震災後に、復興歌もいくつか作られている。

4――復興歌と復興節

「帝都復興の歌」

復興に向かう市民を歌で勇気づけようと、復興歌がいくつか作られている。早い時期のものとして、千駄ヶ谷町の有志の依頼による別所梅之助作詞・草川信作曲の「復興のうた」をあげることができる。この歌はバラック住まいの子どもたちが歌っていたという。歌詞の一番だけを紹介しよう。

たふされ焼かれし　われらの家居
たふれずやかれぬ　われらのちから
うまれしまゝなる　はだかもよろし
このくにこのいへ　あらたにおこさん(21)

文語調でわかりにくいこともあって、この歌はそれほど反響を呼ばなかったようである。もうひとつ、次に紹介する「帝都復興の歌」は新聞などでもかなり取り上げられ、読者からの投書なども掲載されている。この歌は日本音楽連盟が中心となって設立した音楽復興協会が委嘱し作られたものので、作詞が小林愛雄、作曲が小松耕輔である。短い歌詞なので、共益商社書店から出版された楽譜から全文を紹介しよう（図7）。

帝都復興の歌

一

陽は照る瑠璃の空の下《もと》、悪魔の群は跡もなし
若き光のさすところ　大地も人もよみがへる。

二

今、新らしき土の上　こころを堅く結びつつ、
若き生命《いのち》の輝やきに　真理《まこと》を目指し進みゆく。

三

今、音《ね》を合はせ槌は鳴る　最後の勝利望みつつ、
強き力の寄るところ　不滅を誇る家を建てん。

四

陽は照る瑠璃の空の下　怪しく暗き影はなし
清きわが世のあるかぎり　世界に誇る街を建てん。(22)

この復興歌は東京市学務課が認定して、市内の全小学校百九十二校で練習に取りかかったという報道(23)もなされているほどで、ある程度は歌われたようである。当時小学生だった国文学者の池田彌

図7　小松耕輔作曲、小林愛雄作歌『帝都復興の歌』共益商社書店、1923年

三郎も、兄がこの歌をよく歌っていたのでいつしか覚えてしまったこと、震災後にテント張りの小学校でみんなでこの歌を歌ったことを証言している[24]。

ただ、この歌詞の一番にある「悪魔の群」という語句に対してはかなりの違和感が存在したようで、新聞投書欄にも次のように厳しい批判の声が掲載されている。

> 此頃市内小学校で教へる帝都復興歌「日は照る瑠璃の空の下、悪魔のむれは跡もなし…」随分思ひ切つた文句ですね、悪魔の群は跡もなしとは一体何を意味するのでせう、筆者は尋常二年生の家の子供にその意味を問はれて答へに窮して居ます、こんな時代はづれの文句乃至思想は復興審議会と共に廃棄すべきです（白羊生[25]）

曲に対しても、「帝都復興の歌は文句より歌曲が拙いと思はれます、あれは廃墟の曲です、復興の気分なんか少しもないやうです[26]」といった声が寄せられていて、この歌が小学校の圏域を超えて市民に広く親しまれる復興歌になっていたとは言いがたい。

その後、東京市では十一月初め頃から独自に「帝都復興の歌」の募集を開始し、電車内に掲示するなどして周知を図った。ただ、この募集は歌曲ではなく、詩、和歌、俳句、川柳、童謡、民謡といった詩歌の募集で、最終的に入選作品を集めて一九二四年（大正十三年）四月に『市民の歌へる』と題して単行書として出版されている。[27]

このように、復興歌もいくつか作られてはいるものの、市民に浸透して広く歌われるというにはほど遠い状態だった。[28] そのなかで、注目されるのは演歌師たちの活躍ぶりである。

演歌師の「復興節」が大人気に

大震災の頃、演歌師の添田啞蟬坊とさつき父子は下谷山伏町の貧民窟いろは四十八軒長屋に住んでいた。地震が起きたのは、ちょうど先に紹介した雑誌「民衆娯楽」の九月号ができ上がって製本屋から納品されてきて、昼食を取ろうとしたときだった。[29]

地震によって父子ともにその長屋を焼け出されたため、啞蟬坊は東京に見切りをつけて東北へ旅立ち、さつきのほうは焼け残った日暮里の叔父の家に身を寄せた。そんなとき、さつきのもとに仲間の演歌師から震災の歌を作ってくれないかという依頼があったので、早速歌を作って八ページの唄本を印刷した。[30] そして、その唄本を持ってさつきは演歌活動に出かけてみたところ、盛んな歓迎を受けて大いに感激したという。

「大震災の歌」のときの感銘を記しておこう。市内は一面の焼野原だった。その頃はまだ市外であった日暮里は焼けのこり地帯だった。その町々でも、夜は暗く沈みこんでいた。ネタの印刷が出来たとき、百部をもって演歌に出かけてみた。どこもかしこも薄暗くて、どの家もどの家もひそみかえっていた。かつかつの食料を手に入れることがせい一ぱいの時期である。こんな陰気千万なときに歌などうたったら、どなられるか、またひっぱたかれでもするのではないかと、不安だった。

おそるおそる、まったくおそるおそる、オリンを弾き出し、うたい出してみた。せまい横丁である。あちこちから忽ちの、人がとび出して囲まれた。けれど、怒られるのではなかった。みなしいんと聴いているのだった。被害の状況を語り綴った報道歌を、うたい終ったら、それをくれ、くれと、みな手をのばして寄ってきた。売れた、売れた。

ほっとした。そこで「復興節」の方をうたってみた。これは軽快調である。すると、さわやかな笑いがおこってきたではないか。これでまったく安心した。(31)

こうして、さつきは「人は、どんな悲境の底にいても、歌は欲している、ということを、思い知らされた」という感慨に浸ることになる。

ところで、引用文中にあるように、さつきはこの演歌活動の際に「被害の状況を語り綴った報道歌」と「復興節」の二つの歌を歌っている。このうち、「報道歌」はその後「大震災の歌」として知られるようになったもので、「時それ大正十二年、九月一日《はじめの》正午時　突然起る大地震　神の怒りか竜神の何に恐るゝ戦《おのの》きか　大地揺るぎて家毀ち」と、震災の様子をドキュメント風に歌った歌である。(32)

この歌には若干歌詞が異なった唖蟬坊作のものもある。時事ニュース的な意味合いも有していたことから、報道歌は演歌師によってかなり歌われていったようである。

ただ人気の点では、もうひとつの「復興節」のほうがはるかに上だった。さつきもさわやかな笑いが起こったと回想しているように、「復興節」は次のような軽妙な歌い出しで始まる。

家は焼けても　江戸っ子の　意気は消えない見ておくれ　アラマ　オヤマ
忽ち並んだ　バラックに　夜は寝ながらお月さま眺めて　エーゾエーゾ
帝都復興　エーゾエーゾ

嬶《かかあ》が亭主に言ふやうは　お前さんしっかりしておくれ　アラマ　オヤマ
今川焼さへ復興焼と　改名してるぢゃないかお前さんもしっかりして　エーゾエーゾ
亭主復興　エーゾエーゾ(33)

文字どおり「江戸っ子の意気」に訴えた内容で、震災で意気消沈していた民衆を軽妙な笑いとともに奮い立たせる効果があったため、人々に大好評で迎えられた。そして、ほかの演歌師たちもその唄本を持って地方へ飛んでいって、歌い広めた。

啞蟬坊の「地震小唄」

他方、東北へと旅立った啞蟬坊が作ったのが、そのものずばりの「地震小唄」で、「船頭小唄」の替え歌である。この歌もその後よく歌われたようである。

俺は東京の焼け出され　同じお前も焼け出され
どうせ二人は家もない　何も持たない焼け出され
○
焼け出されてもねえお前　生きたい心に何変ろ
俺もお前もさすらいの　旅で苦労して生きようよ
○
武蔵野の原照らしてる　昔ながらのお月さん
わたしゃこれからさすらいの　旅で苦労して暮らすのよ(34)

啞蟬坊はこの別名「焼け出され小唄」と自作の「大震災の歌」を、仙台にいた弟のところで印刷に付して唄本を作り、久々に街頭に立った。すると、「ずい分年寄りの演歌だなあ」と言われたというのだが(35)、啞蟬坊は一八七二年（明治五年）生まれだったから、たしかにこの時期すでに五十歳を超えていて、かなり年輩の演歌師になっていた。

このように、演歌師たちは罹災した民衆の最も身近に寄り添い、彼らを歌によって慰め、さらに復興へと勇気づけるうえで大きく貢献した人々だった。そして、彼らの復興節のひとつとして、「船頭小唄」も替え歌という新たな装いで人々に受け入れられていったのである。

しかし、一九二四年（大正十三年）の後期に入ると、震災後最大のヒット曲となる歌が登場してくる。「籠の鳥」である。

注

（1）関東大震災に関しては、鈴木淳『関東大震災——消防・医療・ボランティアから検証する』（「ちくま新書」）、筑摩書房、二〇〇四年）、北原糸子『関東大震災の社会史』（「朝日選書」）、朝日新聞出版、二〇一一年）、廣井脩『災害と日本人——巨大地震の社会心理 新版』（時事通信社、一九九五年）などを参照。
（2）「大阪朝日新聞」一九二三年十二月十一日付
（3）藤堂明保／加納喜光編『学研新漢和大字典』（学習研究社、二〇〇五年）や松村明編『大辞林 第三版』（三省堂、二〇〇六年）を参照。
（4）「万朝報」一九二三年九月十三日付
（5）渋沢栄一「両立し難い二つの条件」「現代」一九二三年十月号、大日本雄弁会講談社、四一ページ
（6）「東京日日新聞」一九二三年十月四日付夕刊
（7）前掲「演劇及び映画に於ける所謂主題歌に就いて」二七ページ

(8) 前掲「民謡作曲」一二ページ
(9) 丸山鉄雄「研究と評伝 放送歌謡と中山晋平」「信濃教育」一九六五年十月号、信濃教育会、三四ページ
(10) 内田百閒、東雅夫編『百鬼園百物語――百閒怪異小品集』(平凡社ライブラリー)、平凡社、二〇一三年、九〇ページ
(11)「大阪毎日新聞」一九二三年九月七日付
(12)「東京朝日新聞」一九二三年十月二十九日付
(13)「都新聞」一九二三年十月六日付
(14)「東京朝日新聞」一九二三年九月二十六日付
(15)「東京朝日新聞」一九二三年十月五日付夕刊
(16) 前掲「作曲生活二十年を語る」一九〇ページ
(17)「都新聞」一九二四年一月二十七日付
(18)「大阪朝日新聞」一九二四年四月十一日付夕刊
(19) 玉川一郎『大正・本郷の子』(シリーズ大正っ子)、青蛙房、一九七七年、二一二ページ
(20)「都新聞」一九二四年五月三日付
(21)「読売新聞」一九二三年十月二十三日付
(22) 小松耕輔作曲、小林愛雄作歌『帝都復興の歌』共益商社書店、一九二三年
(23)「東京朝日新聞」一九二三年十一月十一日付
(24) 池田彌三郎『聴いて歌って』(旺文社文庫)、旺文社、一九八一年、三五、一四六ページ
(25)「東京朝日新聞」一九二三年十二月十二日付

(26)「東京朝日新聞」一九二三年十二月十五日付夕刊

(27) 東京市編『市民の歌へる』（帝都復興叢書第四輯）、帝都復興叢書刊行会、一九二四年

(28) このほか、「大地が割《さ》けよが、ヨシ〱 火の雨降ろが、ナンノ〱。人の心は動きやせぬ」と歌う川上貞奴の「復興節」（「読売新聞」一九二三年十一月九日付）をあげることができる。

(29) 添田唖蟬坊『添田唖蟬坊——唖蟬坊流生記』（人間の記録）、日本図書センター、一九九九年、二四八ページ

(30) 添田知道『演歌の明治大正史』（「添田唖蟬坊・添田知道著作集」第四巻）、刀水書房、一九八二年、二八七ページ

(31) 前掲『演歌師の生活』二六四—二六五ページ

(32) 前掲『演歌の明治大正史』二八三ページ

(33) 同書二八七ページ

(34) 前掲『添田唖蟬坊』二五三—二五四ページ

(35) 前掲『演歌師の生活』二二三ページ

第4章——「籠の鳥」の流行と小唄映画の大ブーム

1——「籠の鳥」の誕生過程

「籠の鳥」の誕生時期

「逢いたさ見たさに恐さを忘れ」で始まる「籠の鳥」は、比較的年輩であればご存じの方も多いのではないだろうか。

では、具体的にこの歌がいつ、どのようにして生まれてきたのか。それに興味をもって調べ始めてみて驚いたのは、誕生の経緯についてほとんど何ひとつわかっていなかったことである。あれほどよく知られた歌で、長く歌われ続けてきたにもかかわらず、詳しいことは何ひとつわからないままになっていた。

その原因として、歌詞を作った千野かおると作曲した鳥取春陽が、「籠の鳥」が生まれた経緯について回想や記録を何も書き残さなかったことが大きく影響している。春陽が書いたものは若干残ってはいるが、「籠の鳥」に関するものは何もなく、千野のほうはまったく何も残していない。「船頭小唄」の場合には野口雨情と中山晋平の回想が残っていたためにその誕生過程の追跡が可能だったが、「籠の鳥」については残念ながら追跡がまったくできない状態である。

そのため、歌ができた時期も不明である。「籠の鳥」が大流行したのは一九二四年（大正十三年）だが、鳥取春陽に関する研究書には、すでに二二年には曲ができていたとするものもある。[1] しかし、その根拠については不明である。その年の新聞・雑誌などを調べても「籠の鳥」が歌われている記事は見当たらず、二二年十二月発行の『最新流行唄』（由盛閣）といった流行歌集にも「籠の鳥」は収録されていない。

このことからも、仮に一九二二年（大正十一年）に曲ができていたとしても、広く流行して歌われるというにはほど遠い状態だったと思われる。これまでみてきたように、震災前ではやはり「船頭小唄」の人気が圧倒的で、「籠の鳥」はその陰に隠れた存在であり、本格的に流行し始めるのは震災後になってからだったと考えられる。

鳥取春陽という演歌師

作曲した鳥取春陽は添田唖蟬坊・さつき父子と並んでよく知られた演歌師である。彼は従来の演歌に洋楽の手法を取り入れ、大正の新しい演歌の流れを作り出した人物で、その代表曲が「籠の鳥」である。音楽評論家の園部三郎は「籠の鳥」の曲調の新しさについて分析し、三拍子の簡単なリズムが流行歌に取り入れられた初めての例であり、これが流行の原因になったと指摘している。

とくにこの曲は、ニ短調ヨナ抜き音階で哀感をみせながら、かつて明治時代に生まれた小学唱歌の「港」〈空も港も夜は晴れて……〉とまったく同じ三拍子で、また全然同じリズムであることが、かえってすてばちな気分をかりたてたと思えるのである。そして、きわめて簡単なこのリズムと三拍子が、俗謡流行歌にあらわれたこともはじめてなので、いっそう流行の原因となったのであろう。(2)

鳥取春陽（本名：貫一）は一九〇〇年（明治三十三年）に岩手県の山間部にある刈屋村で生まれた。(3)刈屋村は現在は宮古市に含まれ、宮古市の新里生涯学習センターには春陽が残した楽譜や契約書などの資料が大切に保存されている。

春陽は十四歳で上京し、演歌師たちと知り合うようになり、一九一八年（大正七年）に啞蟬坊たちの演歌組合・青年親交会に参加して、第一作「みどり節」（作詞：添田さつき）を発表する。その後、米騒動の集会に参加したために検挙されて監獄生活を味わうなどしていたが、二二年には「ピエロの唄」（作詞：松崎ただし）や「馬賊の歌」（作詞：宮崎滔天）を発表する。なおこの年に「籠の鳥」も作ったとされている。このとき、春陽はまだ二十二歳の若さだった。

一九二三年（大正十二年）には、青年親交会の機関誌「民衆娯楽」に監獄体験や木賃宿での生活ぶりなどについて手記を書き、また、野口雨情作詞の「わたしゃ黒猫」に曲をつけたりしている。(4)

このように、一九二二年（大正十一年）から二三年は、春陽の曲作りがようやく本格化し始めた時期にあたり、同時に、青年親交会の活動にも積極的に関わり始めた頃でもある。この時期に「籠の鳥」が作られたとしても何ら不思議ではない。

その後、春陽は震災を機に、大阪に拠点を移してレコードの吹き込みに活躍するようになり、またジャズにも挑戦していく。この間、「浅草小唄」（作詞：徳永天露）や「思い直して頂戴な」（作詞：塚本篤夫）といったヒット曲を次々に送り出していくが、一九三二年（昭和七年）に三十一歳の若さで亡くなっている。

歌詞は「小原節」から

他方、歌詞を作ったとされる千野かおるについては、演歌師という以外にはまったく何もわかっていない。名前から女性のような印象を受けるが、男性演歌師である。

ただ、映画化された『籠の鳥』の広告に「原作脚色 千野薫氏」と記されていたり、[5]『続籠の鳥』でも脚色者として千野薫の名前があがったりしていることから、[6]ある程度映画にも関わった形跡がみられるが、どの程度関与したのか詳細は不明である。千野は放浪詩人で、西のほうへ旅立っていったあと消息不明になったとされている。なお、歌詞の作者を千野ではなく、広島出身の演歌師だった秋月四郎だとする説もある。[7]

「籠の鳥」の歌詞は最初は六番までだったが、時とともに新しい歌詞が次々と付け加わっていく傾向が強く、また、語句が微妙に異なるさまざまなバリエーションが存在している。ここでは、比較的初期の詩形に近いものとして、一九二四年（大正十三年）九月に発行された親絃楽譜出版社の楽譜『流行小唄籠の鳥』の歌詞を紹介しておこう。

籠の鳥

一　あひたさ見たさに　こわさもわすれ
　　暗い夜道を　たゞひとり。

二　あひに来たのに　なぜ出て来ない
　　僕の呼ぶ声　忘れたか。

三　あなたの呼ぶ声　忘れはせぬが
　　出るに出られぬ　籠の鳥。

四　かごの鳥さえ　ちえある鳥は
　　ひと目しのんで　会ひにくる。

五　ひと目しのべば　せけんの人は
　　あやしのをとめと　ゆびをさす。

六　ゆびをさゝれちや　いやだよわたし
　　だからわたしは　籠の鳥。[8]

ところで、「籠の鳥」の歌詞については、石川県の民謡である「小原節」との類似が従来から指摘されてきた。杉座秀親によれば、「小原節」と類似した箇所は、例えば次の部分である。

うとて通るになぜ出てあはぬつねに聞く声オハラわすれてか
つねに聞く声忘れはせねど親の前でもオハラかごの鳥
かごの鳥でも実ある鳥はかごをやぶつてオハラあいに出る[9]

この点については、添田さつきも似たようなエピソードを書き残している。この歌を演奏した際に、さつきが千野に対して「なんだい、これは小原節にある文句じゃないか」と指摘したところ、千野は「いやぁ」と頭をかいてみせたという。[10] したがって、千野も「小原節」からヒントを得たことは十分に自覚していたと思われる。

ただ、「逢いたさ見たさ」というフレーズは別の起源をもつ。国文学者の板橋倫行によれば、「逢ひたさ見たさは飛び立つばかり 籠の鳥かやうらめしや」という文句は、元禄期に『好色大鑑』を書いた畠山箕山《きざん》が作ったもので、その後、それがいろいろな著作に引用されていったものだという。[11]

「小原節」との前後関係などについては不明だが、「逢いたさ見たさ」の文句は元禄の頃にその起源を有していたことになる。なお、「籠の鳥」の歌詞については終章でも触れる。

2——演歌師とレコードの発売

演歌師によって歌われる

さて、こうして誕生した「籠の鳥」は「船頭小唄」の場合と同様に、最初は演歌師たちによって歌い広められていった。だがその実態についてはほとんど記録が残っておらず、追跡は困難である。

ここでは、ひとつの例として、俳優の殿山泰司の自伝から演歌師が「籠の鳥」を歌っている場面を紹介したい。一九一五年（大正四年）生まれの殿山は小学生の頃銀座に住んでいたが、その日は松屋デパートの裏通りで縁日があったので、友達と三人で十銭玉を握ってやってきた。

薄暗いいつもの場所に人だかりがしており、演歌師の唄声とヴァイオリンがきこえてくる。そうすると三人組は安心するんだ。演歌師というのはショバの関係かどうか知らないけど、こない時があるから気が気ではない。人と人との間をくぐり抜けて前へ出る。三人で顔を見合せてニッコリする。もう安心だ。ヴァイオリンはキイーコキイーコ、「枯れすすき」や「籠の鳥」よ。

唄は浪花節みたいにつぶれた声で、子供心にもそれほどウマイとは思わないけど、唄と唄の合間に、何かしゃべるのが面白いんだよな。ヒイヒイと笑っちゃう。女の子たちがしゃがんできいてると、観艦式をやってないで早く帰れ、とか、本を買ったやつは必ず出世する、とかね。本てのは演歌集のことで、情婦だか女房だか分からないような女が、聴衆の中を、一部十銭、一部十銭ですよ、と叫びながら、売って歩いてるんだ。(12)

ここに書かれた場面が時期的にいつ頃のものなのか、いまとなってはよくわからないが、ともかくこのようにして「籠の鳥」が演歌師によって唄本とともに広まったのである。なお、「籠の鳥」の楽譜については、レコード化以降に発売されたものではあるが、先に紹介したものも含めて、とりあえず次の三点をあげることができる。

- 『流行小唄 籠の鳥』親絃楽譜出版社、一九二四年九月五日発行
- 渋谷白涙著『花柳小唄 籠の鳥』春江堂、一九二四年九月十日発行(図8)
- 『最新流行 籠の鳥』春江堂、一九二四年八月一日発行

さて、次に注目されるのは、「籠の鳥」のレコード化の時期である。すでに述べたように、大正期には、市中で流行し始めた歌をレコード化して発売する、という流れが一般的だった。「籠の鳥」の最初のレコード発売は一九二四年(大正十三年)の七月で、この頃までに人気が高まってき

図8　楽譜『花柳小唄 籠の鳥』春江堂、1924年9月10日

ていたものと思われる。

「籠の鳥」のレコード発売

「籠の鳥」の最初のレコードは、一九二四年（大正十三年）の七月新譜として日東レコードと東亜蓄音器の二社から発売されている。新聞広告はそれぞれ六月二十二日付と二十六日付に掲載されているので、六月末か遅くとも七月初めには売り出されたと思われる。

・ニットー　七月新譜、書生節「青春の友」「籠の鳥」寺井金春、常磐静子、管弦楽伴奏

・トーア　七月新譜、書生節「籠の鳥」「カルメン」「酒場の唄」横尾晩秋、秋田廣子

歌い手の寺井金春《こんぱる》と横尾晩秋はともによく知られた演歌師で、啞蟬坊の青年親交会にも加わっていた。残念ながらこれらレコードの現物は入手できなかったが、幸いにも寺井金春のニットーレコード盤がインターネット上の「YouTube」にアップされていたので、早速試聴してみた。長さは三分十三秒で、歌詞は九番まである。六番以降は聴き取りにくく、不確かな部分もあるが、次に紹介する。

ニットーレコード（NITTO RECORD）
書生節「籠の鳥」
寺井金春／常磐静子、管弦楽伴奏
895―B

【歌詞】

一（寺井）　逢いに来たのに　なぜ出て来ない
　　　ぼくの呼ぶ声　忘れたか

二（常磐）　あなたの呼ぶ声　忘れはせぬが
　　　出るに出られぬ　籠の鳥

三（寺井）　籠の鳥でも　知恵ある鳥は

人目忍んで　逢いに来る
四（常磐）人目忍べば　世間の人は
浮気女と　疑わる
五（寺井）浮気女と　疑われても
ぼくのこの声　聞かせたい
六（常磐）あなたのひずめを　聞きたいけれど
ゆくにゆかれぬ　籠の鳥
七（寺井）籠の鳥でも　鳴かずに鳥は
ひと目私に　逢いに来る
八（常磐）籠を脱け出て　追い立つ鳥は
怪し女と　指ささる
九（常磐）指をさされりゃ　困るよ私
だから私は　籠の鳥

この歌詞では最もよく知られた最初の「逢いたさ見たさに恐さを忘れ」のパートが省かれているのが気になるが、おそらく寺井と常磐が交互に歌う形式をとっていたためではないかと思われる。このように、「籠の鳥」はその後男女の掛け合い方式で歌われるケースが多くなっていくとともに、歌詞もそれに合わせて増殖し、さまざまなバリエーションが次々に生まれてくる傾向が強くなる。

また、発売元のニットー、トーアともに大阪のレコード会社であることから、「船頭小唄」の場合と同様に、「籠の鳥」もまず関西から流行し始めて、関西の会社がレコード化に乗り出したと思われる。[13]

しかし、「籠の鳥」の一大ブームを引き起こすことになるのは、レコードではなく翌八月に封切られた映画だった。

3――帝キネの『籠の鳥』に観客が熱狂

帝キネの『籠の鳥』

「籠の鳥」の映画化に乗り出したのは、一九二〇年(大正九年)に大阪で設立されたばかりの帝国キネマという新しい映画会社である。帝キネはその後三一年(昭和六年)に別会社に改組されて消滅することになるので、会社としては十年あまりしか存続しなかったが、『籠の鳥』の大ヒットで映画史にその名を残している。

さて、『船頭小唄』と同様に、『籠の鳥』もわずか四、五日間で撮影された。原作は松屋春翠で、脚色が佃血秋、監督が松本英一である。配役はヒロインのお糸に澤蘭子、相手役の大学生の上山文雄に里見明である。また、帝キネのスター女優だった歌川八重子がカフェの女給に扮して歌うシーンも盛り込まれている。「キネマ旬報」からあらすじを紹介しよう。

矢澤屋の娘お糸には親の選んだ許婚《いいなずけ》として此家子飼の番頭豊助といふ男があつた。併し或夏の一日家族中で海岸に遊びに行つた時溺れやうとする豊助を救つて呉れた大学生上山文雄の男々しさに接して以来全く上山に心を奪はれて終つた。自我に眼ざめた彼女も、旧式な家庭の掟に背き難く、豊助の希望もあり愈々秋の吉日に結婚式があげられる事になつた。お糸にもまさつて愛着心に堪へられぬ文雄はその日お糸を式場から逃さんとしたが家族の者に妨げられて果し得ず、悲しみの余りお糸は哀れ此世を去つた。文雄の親友岡村はせめて失恋に泣く友を慰むべくカフェー等に誘つたのである。その頃大阪の巷には、幸少かりしお糸の死を悼むが如く「籠の鳥」の悲調が哀愁の情を唆りつゝ流れて聞えるのであつた。

逢ひたさ見たさに恐さも忘れ
　暗い夜道をたゞ一人……[14]（図9）。

夏の海岸でヒロインお糸と大学生文雄との間に恋が芽生えるが、お糸には婚約者がいたために成就せず、最後にヒロインが亡くなって終わるという悲恋物の映画である。お糸に扮した澤蘭子は宝塚音楽歌劇学校出身で、松竹を経て帝キネに入社したばかりだったが、この作品の大ヒットで一躍人気スターへと上り詰めていく。『船頭小唄』に出演した栗島すみ子とまったく同じ過程をたどっている。

なお、映画化に際して、監督の松本英一と脚色の佃血秋によって新たな歌詞が書き加えられてい

図9　映画『籠の鳥』
（出典：「劇と映画」第2巻第10号、国際情報社、1924年、国立国会図書館所蔵）

るが、これについては終章を参照していただきたい。

「又又又又又又日延」

こうして完成した『籠の鳥』は八月十四日から大阪・千日前の芦辺劇場で封切られた。封切り時の新聞広告をみると、「現代流行小唄」と銘打って歌詞も四番まで紹介していて、「籠の鳥」という流行小唄を前面に打ち出している。(15)

帝キネという新興映画会社の作品だったこともあって、それほど期待されなかった映画だったが、どういうわけか大変な人気を獲得し始めた。連日のように掲載されている新聞広告のキャッチコピーを見ただけでも、その熱狂ぶりが伝わってくる。

――「映画界未曾有の大盛況につき！　開場直様御座席売切満員の状態に有之候間

一刻も早く御来場の程偏に御願申上候」

―「又、又、又、又、又、日延べ　十万突破!!『籠の鳥』封切後二閲月に亘りて連日満員立錐の余地なく日延する事五回三十五日の長きに及び尚続々として押すなく〳〵の大盛況を以て幾十万人を熱狂せしめつゝある　帝キネ作品の独占たる 映画王!! 籠の鳥」（図10）

―「帝キネ作品の独占たる映画王籠の鳥　又又又又又又日延べ」[16]

日延べに次ぐ日延べで合計六回も日延べしたことになる。この時期の一作品の興行期間は一週間程度が通例だったから、六回も日延べするというのはたしかに「映画界未曾有の大盛況」だったと

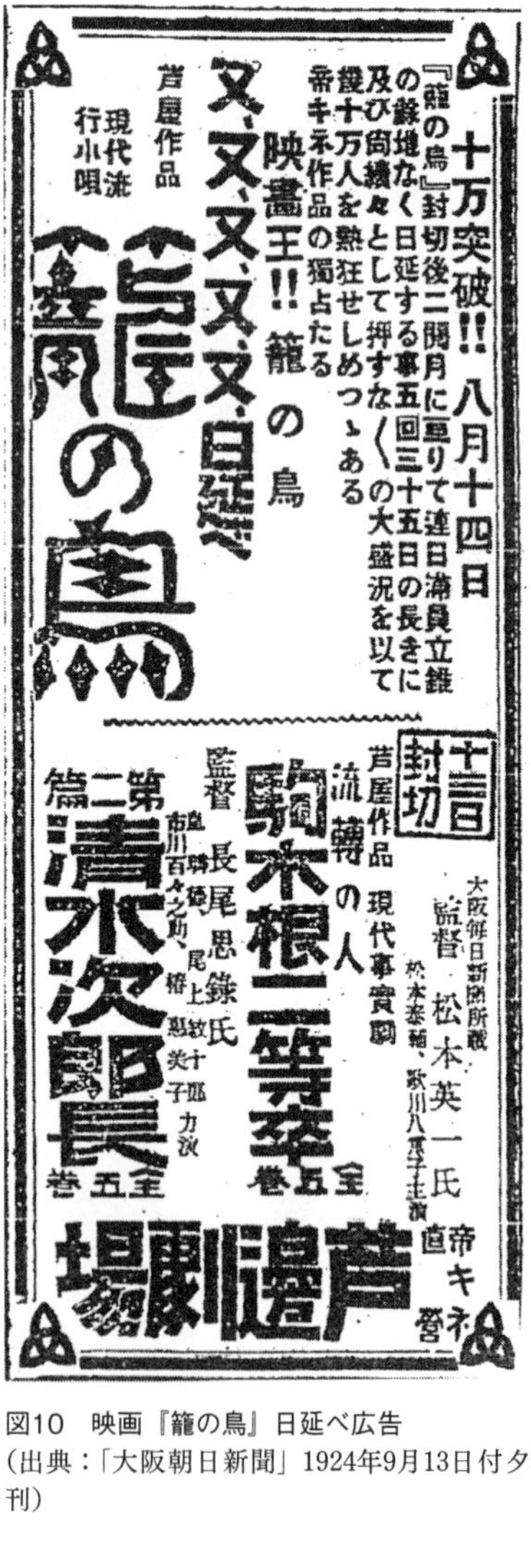

図10　映画『籠の鳥』日延べ広告
（出典：「大阪朝日新聞」1924年9月13日付夕刊）

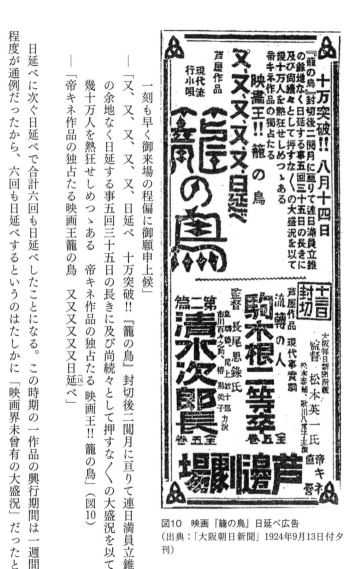

いえるだろう。結局、芦辺劇場では八月十四日から九月二十六日までの合計四十四日間の長きにわたって上映された。

このような大阪での『籠の鳥』人気はさっそく東京にも波及してきた。

東京では楽士がバイオリンで宣伝

東京では、大阪に一週間ほど遅れて八月二十二日に封切られた。封切り館になったのは帝キネ直営の浅草遊楽館である。封切りに際しては、映画館側の発案で「籠の鳥」の唄本を二十万部製作して、映画館付きの楽士がバイオリンで歌いながら市内を配布して回ったと報じられている。(17)

このような宣伝活動が功を奏して、一週間後には日延べ広告があり、その後も「本邦映画界の新記録！空前の盛況三週間続映、来る十一日迄更に日延」(18)とあり、結局二十一日間の続映になった。

なお、遊楽館のほかに、八月末に新築開館したばかりの神田の南明座でも九月五日から『籠の鳥』を上映している。南明座は浪花節の大御所である吉田奈良丸が経営する映画館で、帝キネの封切り館でもあったことから上映されたものと思われる。

このように、東京でも三週間続映してある程度ヒットしたものの、大阪でみられたような「又又又又又日延」といった熱狂ぶりにまでは達していなかったようである。東京と大阪とのヒット状況の違いについては田中純一郎の指摘が参考になる。

田中によれば、『籠の鳥』の大ヒットは帝キネに巨額の利益をもたらした。製作費がわずか千五、六百円であったのに対し、純益は関西で十一万円、関東で六万円、合計十七万円に達したという。(19)

関西の純益は関東の約二倍に達している。すなわち、歌と同様に映画に関しても、『籠の鳥』は関東よりも関西のほうで大きくヒットしたことになる。

このような大阪と東京での『籠の鳥』人気は、すぐさま地方都市へも伝わっていった。

地方都市でも観客が熱狂

地方都市では神戸と福岡の封切りが早かったが、なかでも神戸は大阪と同様に連日の満員続きで、日延べに次ぐ日延べを重ねて、結局二十日間ほどの続映となった。「神戸又新日報」の新聞広告には連日のように印象深いキャッチコピーを打っていて、「全市の人気を沸かせ」たこの映画への観客の熱狂ぶりが現在の私たちにも伝わってくるようである。

・神戸　八月二十七日―　二葉館、『小唄情話籠の鳥』『覆面の若武者』『困った花婿』

―「切なき恋に悩む世の処女に贈る　かくも泪多き青春の物語よ　現代小唄「籠の鳥」の伴奏独唱差加へます」

―「全市の人気を沸かせて破れるばかりの大好評を博した「籠の鳥」の映画は、皆様の御希望により、下記の新映画を取加へ、一週間日のべ致します」

―「連日満員御礼　籠の鳥　見落せば恥になる　何処へ行つても籠の鳥の噂で持切りです。大阪でも五週間も続けて尚連日満員の盛況で遂には偽物さへ出来る程になりました。この面白い映画を見落すことは恥かしいと噂されゐるのです。」

――「満員御礼　籠の鳥　人気白熱　更にまた十七日まで日延致します　特に最後の本週間は映画説明界に名を成せる新人尾高春翠の熱演によって更に一層の興趣を添へることゝ信じます。籠の鳥担当説明　尾高春翠　吉田穂[20]」

・福岡　九月一日―十四日　喜楽館、『籠の鳥』『平井権八』『寮の根岸』

――「声楽家立花芳子嬢独唱」

・名古屋　九月八日―　日本館、『流行小唄籠の鳥』『国定忠治信州落』

・金沢　十月一日―十四日　帝国館、『籠の鳥』『紐育の不夜城』『桜田快挙後日譚』

――「劇中「籠の鳥の唄」合唱。筑波峰子外四名」

・宇都宮　十月三日―　歌舞伎座、『小唄哀話籠の鳥』『小豆島』『アリゾナの猛漢』ほか

・函館　十月十六日―　宝来館、『流行小唄籠の鳥』『深山の親と娘』『血で血を洗ふ』ほか

神戸以外の都市でも観客は『籠の鳥』に熱狂していた。以下は函館で封切り初日に観にいった読者からの投書である。

あまり評判のいい「籠の鳥」ドウセ大したものでもあるまいとタカをくゝつて初日に宝来館を見物した爪も立たない大入満員、あながち宣伝の上手な為計りでもなかつた映画は鮮明何となく観衆を惹きつけるものがある、澤蘭子の清艶、里見の情緒、知らず〳〵劇中の人となつて行く魅力のある作者と俳優の力を見出す事が出来る全く近来の傑作京阪に五週間の日延べと云ふ

レコード破りも尤もだと肯かれた。(21)

この投書から、函館でも初日から大入り満員になっていたことがわかるが、それ以上に、京阪でのレコード破りの盛況ぶりが地方にまで伝わってきていること、そして、そのこと自体が宣伝効果となって地方でのヒットにつながったことを知ることができる。なお、仙台、弘前、秋田といった東北地方での上映は確認できなかった。帝キネが大阪を本拠とする映画会社だったから、北日本への配給網はそれほど広がっていなかったせいではないかと思われる。

さて、このような大ヒットをほかの映画会社が黙って見ているはずはなかった。翌九月には、早くも日活が参入してくる。

4――日活の『新籠の鳥』も大盛況

日活も『籠の鳥』で参戦

無声映画時代の映画製作のスピードは速かったから、日活の作品も少ない日数で完成し、帝キネ版の封切り日だった八月十四日からまだ一カ月もたたない九月六日に早くも名古屋で封切られている。しかも、封切り時のタイトルは「新」がつかない帝キネ版とまったく同じ『籠の鳥』だった。

そのために、名古屋ではタイトルは同じで内容と俳優が異なる二種類の『籠の鳥』が同時に上映されるというたいへんな混乱状態に陥った。九月八日付「名古屋新聞」の「活動案内」をみると、日本館、文明館、港座の三館で『籠の鳥』を上映している。一見同じ映画のようにみえるが、日本館は帝キネ系で、文明館と港座が日活系だったから、タイトルは同じでもまったく別の映画を上映していたことになる。観客は戸惑わざるをえない。

そのため、帝キネは日活に抗議してタイトルを『新籠の鳥』に変更するようにと要求したが、日活側ではタイトルは流行小唄からとったものだから問題ないはずと反論して双方が対立した。しかし最終的には日活がタイトルを『新籠の鳥』に変更することで決着している。(22)

『新籠の鳥』では日活専属歌手を特派

こうして、タイトルを改めて封切られた『新籠の鳥』は監督が村田実と細山喜代松で、ヒロインを新進女優の浦邊粂子《うらべくめこ》が演じている。ちなみに、一九二四年（大正十三年）八月から十月にかけて、「東京毎日新聞」は「全国映画俳優人気投票」を実施していて、浦邊粂子はその最終結果で千百七十七票を集めたものの三十一位に終わっている。(23)それなりの人気を獲得し始めてはいたが、栗島すみ子をはじめとする先輩人気女優たちの域にはまだ及ばない位置にいたようだ。『新籠の鳥』のあらすじを「キネマ旬報」から紹介しよう。

敏雄と照子は、恋仲であった。然し敏雄は照子の父の会社の一社員であり、照子には野村伯爵

図11　映画『新籠の鳥』
（出典：「キネマ旬報」1924年10月1日号、キネマ旬報社、国立国会図書館所蔵）

との縁組が迫つて居る身であつたから二人の恋は円満に育ち行くものではなかつた。或る日曜日に二人は楽しき舟遊に行つた時、偶然父豊蔵も野村伯爵に招待され舟遊びに来て居たので忽ち発見せられ照子は外出を禁じられ、敏雄は会社から解雇されて了つた。然し二人は人目を忍んで会つた──けれどそれも又父に気付かれ、照子は怒れる父の為部屋から一歩も出る事さへ禁じられ全く籠の鳥の如き運命に陥つてしまつた。照子は遂に意を決し家出をなし敏雄の許に走つた。運命の神の悪戯は二人を危地に陥れ入れたが、二人の燃ゆるが如き情熱は総ての障害を排し得て幸福の日を得る事が出来た。(24)（図11）

親が決めた縁組に背いて、ヒロインが好きになった青年との恋に走るという枠組み自体は帝キネ版とまったく同じだが、日活版のほうは「総ての障害を排し得て幸福の日を得る事が出来た」とハッピーエンドになっている。

『新籠の鳥』は九月十一日から十三日にかけて、大阪の朝日座、京都の帝国館、神戸の三宮倶楽部といった日活系の映画館で一斉に封切られた。東京では、若干遅れて九月二十六日から三友館と牛込館の二館で「お待兼ねの小唄ローマンス」と銘打って封切られ、「連日連夜満員大好評に付日延」になっている。(25)

そのほかの地方での封切り状況をみてみると、日活系の配給網が全国に広がっていたこともあって、帝キネ版よりも広範な地域で上映されたようである。帝キネ版が上映されなかった仙台や秋田でも、日活版の上映が確認される。

・神戸　九月十二日――錦座、『小唄情話新籠の鳥』『毛剃右九衛門』『無敵一喝』

・福岡　九月十六日――友楽館、『紅涙悲曲新籠の鳥』『飛出す活動』――「今や全国至る所に破竹の勢にて流行せる哀絶極りなき悲曲」

・金沢　十月三日――スメル館、『小唄情話新籠の鳥』『勤王の旗挙げ』『飛出す活動』――「封切りの小唄情話『新籠の鳥』は花岡萩江嬢の独唱を加へて人気を呼び」――「今や津々浦々に至るまで破竹の勢にて流行を極めつゝある哀絶極まりなき小唄の映画化」

・宇都宮　十月二十四日―　光盛館、『小唄情話新籠の鳥』『冒険ハッチ』『単身肉迫』ほか
・秋田　十月二十五日―　秋田劇場、『小唄情話新籠の鳥』『ヴェリタス』ほか
―「他社の同一名品と脚色異なる日活独特優秀篇」
―「日活専属の喜多見妙子が特派され「新籠の鳥」を独唱で上映」
・仙台　十月三十日―　帝国館、『小唄ローマンス新籠の鳥』『ベルボーイ』『勇者の精華』
―「今や満都の人気を沸騰せしめつゝある比類なき小唄ロマンス」
・函館　十一月七日―　錦輝館、『小唄情話新籠の鳥』『豪勇ロイド』『ロイドの水兵』ほか
―「東京本社より特派せられたる独唱　柳君子嬢」(26)

タイトルにも「小唄情話」と銘打って、広告にも「今や全国至る所に破竹の勢にて流行せる哀絶極りなき悲曲」を映画化したものであることを強調している。

さらに、秋田、函館の例にみられるように、小唄を歌う独唱歌手の名前を特記して、東京本社から特派された日活専属歌手である旨を強調している。これらの広告には、流行小唄を映画化して、さらにそれを独唱歌手が歌うという「小唄映画」の特徴が見事に表れているといえるだろう。

5――松竹の『小唄集』は若者に人気

松竹の『小唄集』も人気沸騰

この間、松竹は帝キネと日活の争いを横目で見ていたが、満を持して『籠の鳥』合戦に『小唄集』で参戦してきた。『小唄集』とは、「鈴蘭」「ストトン節」「籠の鳥」という三つの流行小唄を映画化して一本にまとめたものである。このうち、「鈴蘭」はそれほど流行した歌ではなかったが、「ストトン節」のほうは「籠の鳥」と並んでこの時期に大流行していた歌であり、それを映画化したことで、この『小唄集』も大ヒットすることになる。ストーリーを要約して紹介しよう。

・『鈴蘭』（脚色及監督：牛原虚彦、出演：岡島艶子、秋田伸一）
山道で迷った青年が、炭焼きの親娘に助けられ、青年と娘は恋に落ちるが、青年は都に戻る。しかし、娘を忘れられない青年は再び山へと旅立つが、谷に転落死してしまう。それから毎日黄昏時には炭焼き娘が歌う「鈴蘭」の小唄が山々にこだまする。

・『ストトン』（脚色及監督：池田義信、出演：東栄子、新井淳）
職工が女給に惚れてカフェに通い詰め、いまの女房を追い出して後釜にしようとしたが、女給はすでに他人の女房であることがわかり、職工は目が覚めていまの女房を大事にした。

・『最新籠の鳥』（監督：島津保次郎、出演：若葉照子、奈良真養）

タバコ屋の娘が継母のために芸妓に売られ、恋人の青年が娘を救おうとするが、青年はサッカーの試合中に肋骨を骨折し、それがもとで亡くなってしまう。街にはバイオリンで流す「籠の鳥」の悲しい歌が聞こえた。(27)

流行小唄の三本立てだが、長さは全十一巻で一時間十分程度とそれほど長いものではない。京都では歌舞伎座で九月二十五日から、大阪では朝日座で九月二十七日から、東京では浅草電気館で十月一日からそれぞれ封切られた。日活の『新籠の鳥』の封切りからまだ二週間ほどしかたっていない時期で、無声映画時代の映画製作のスピードぶりを改めて感じさせられる。

東京の封切り館となった浅草電気館では人気が沸騰し、広告にも「電気館封切以来連日連夜大入満員、東京全市に唄はれつゝある(28)」と書いてある。その結果、十月十七日からは麻布松竹館をはじめ六館で拡大上映している。

『小唄集』は全国の若い人たちの胸を躍らせた

日活と同様に松竹も全国に配給網をもっていたことから、『小唄集』も全国で上映されていった。調べたかぎりでの地方都市での上映状況は次のとおりである。

・神戸　十月一日―　菊水館、『名代の小唄集』『鉄拳武者』
―「第一部篇「鈴蘭」三巻　纏綿たる情緒の漂ふ『鈴蘭』の唄は若い人達の胸を躍らせます今、蒲田で売出しの花形岡島艶子の豊麗な容姿、『悪名』で一躍人気者になつた新井淳が盛んに活躍してゐます」
「第二部篇「籠の鳥」五巻　『籠の鳥』の唄は先刻御馴染みの筈です、久々で奈良真養が色男振りを発揮し、新しく入社した若葉照子が其の相手役を勤めて濃艶な恋の濡れ場をご覧に入れます」
「第三部篇「ストトン節」三巻　兵隊さんが盛んに唄つたもので非常に野趣に富んだ唄で御座います、清楚な月見草の風情ある梅村蓉子や艶麗其物のような東栄子が皆さんの御機嫌を伺ひます」

・福岡　十月六日―　喜楽館、『小唄集』『清水次郎長』

・函館　十月十五日―　錦座、『小唄笑話スットトン』『籠の鳥』『渓谷哀話鈴蘭』ほか

・秋田　十月二十三日―　旭館、『渓谷哀話鈴蘭』『籠の鳥』『小唄笑話スットトン』ほか

・名古屋　十月三十一日―　千歳劇場、『小唄集』『結婚哲学』
―「予て大評判を頂き其の上映を待たれて居ます蒲田映画『小唄集』全三篇十二巻を愈々封切る事になりました。現代流行の小唄を脚色映画化した此の映画は若い人達の胸を躍らせ血を湧かしむ。中秋唯一の大収穫」

・仙台　十月三十一日―　松島座、『小唄集』『権八と小紫』
　―「声楽界の明星松下京子嬢独唱」
・金沢　十一月十四日―　松竹座、『小唄集』『鉄拳第一』(29)

神戸の広告では、映画の見どころまで懇切に解説している。それを読むと、この映画がもっぱら若い観客層をターゲットにして、彼らに人気がある若手俳優、なかでも人気女優に焦点を当てたものであることがわかる。このように、小唄映画はまず第一に「声楽界の明星」の独唱を売り物とし、第二に若手人気俳優たちの「濃艶な恋の濡れ場」を中心とするラブロマンス劇という特徴をも有していた。

各地で死に物狂いの宣伝合戦

『小唄集』の宣伝には、各地でさまざまな趣向のものが登場している。名古屋では映画館の宣伝合戦が過熱して、洋画の『幌馬車』の宣伝に本物の幌馬車まで登場していた。また、『小唄集』には市内の演歌師が動員され市内を歌って回った。

◇まづ港座では「幌馬車」を十台ばかり製造して牛に曳かせて名古屋市中を練り廻るといふ勢ひだ、幌馬車は普通の馬車に映画そつくりの幌覆ひにするゲナ
◇千歳は又変つてゐる、市内の艶歌屋を買収して「松竹小唄集」の唄をバイオリンに合せて

町々を唄ひ廻らせるといふ趣向で、唄ひながら唄入りのチトセの広告をくばらせる。[30]

演歌師を宣伝に動員する手法は、帝キネが『籠の鳥』を封切った際に浅草の遊楽館で採用している。これについてはすでにみたが、同じ手法が名古屋でもおこなわれていたことがわかる。また、『小唄集』の場合には、こうした演歌師による宣伝活動に松竹本社が直接乗り出してきていた。添田さつきは、松竹本社から東京の街頭で『小唄集』の演奏による宣伝を頼まれて市内五カ所の縁日で演歌活動をおこなっていたところ、松竹の担当課長が様子を見に回ってきたという。そして、「鈴蘭の唄」があまり歌われていなかったために文句を言われたと回想している。[31]

他方、函館では、帝キネと松竹が死に物狂いの宣伝合戦を繰り広げ、松竹は夜間に大行灯を背負った広告マンを出してお囃子鳴り物入りで宣伝して回ったという。[32]

また、神戸では、映画館所属の楽士たちも宣伝のために動員されていた。小・中学校時代を神戸で過ごした作家の田宮虎彦の回想によれば、遊楽館という映画館では、バルコニーから外に向かって五、六人の楽士たちが客寄せのためにトランペットやクラリネットで「籠の鳥」のメロディーを飽きることなく吹き鳴らし続けていたという。その宣伝効果もあって、映画は二、三カ月のロングランを続けた。[33]

ところで、『小唄集』の歌のうち「籠の鳥」についてはすでにみたが、「鈴蘭」と「ストトン節」はどのような歌だったのだろうか。「京都日出新聞」に映画中の小唄の歌詞が掲載されているので、紹介しよう。

鈴蘭の唄
◇丁度去年の今時分　あの谷陰で二人して
楽しく夏を暮したね　皆よかつたほんとうに
◇思ひ出しても恋しかる　あそこで送つた恋の日を
思ひ出したらモウ一度　かへりたいとわ思わぬか
◇誰も知らないあの原で　寝ながら二人で話したね
其の時可愛鈴蘭が　ホロ〱ホロとふるえたよ
◇いつもあそこの谷陰で　チヨロ〱清水の湧く様に
つきぬ恋の日語らうか　しほれて枯れて消ゆる迄

ストトン節
◇歩兵三十八連隊の営門で　ハンカチ食はへて目に涙
どーか歩哨さん逢はせてよ　妾の好《す》ウちやん二中隊
スツトントン〱
◇スツトントン〱と通はせて　今更いやとはどうよくな
いやならいやだと最初《はじめ》から　云へばスツトントンで通やせぬ
スツトントン〱

◇向ふ通るハイカラ美人　横目でチョイ〳〵僕を見る
此奴《こやつ》テツキリお出だと　よく見やなんだい藪にらみ
スツトントン〳〵
◇金の百万円も一寸《ちょっと》ひろて　素敵な美人を妻にもち
新婚旅行も飛行機で　とんだ夢みて夜があけた
スツトントン〳〵[34]

倉田喜弘によれば、「鈴蘭の唄」は一九二五年（大正十四年）の『増補流行歌集』にも収録されている[35]とのことだが、当時の新聞記事や明治・大正の流行歌史の概説書などにもほとんど登場してこないことから、それほど流行しなかったのではないかと思われる。

これに対し、「ストトン節」のほうは震災後に大流行した歌で、藤沢衛彦は「大震災後、最も人心を魅した流行歌[36]」と表現している。震災前の一九二二年（大正十一年）二月の「民衆娯楽」第二十三号に、姫路の第十師団を中心に各軍隊で盛んに流行している歌として「スットントン《（ママ）》節」がすでに紹介されているので、震災前から流行し始めていたようである。その後は花柳界に広まり、震災後は広く一般に歌われるようになった。最もよく知られている歌詞は「スットントン〳〵と通わせて今更いやとはどうよくな」で始まる二番目のものである。

ただ、「ストトン節」はその後歌詞が次々と付け加わり、その過程で卑猥な歌詞が増えるようになると、社会から激しい批判を浴びるようになっていく。「都新聞」には「ストトン節のはやる事日本中に普ねくといつていゝ、殊に大阪から西では文句が東京より卑猥である」[37]とあり、西日本でこの傾向が目立っていたようである。

6——『籠の鳥続編』と小唄映画ブームの発展

死んだはずのお糸が生き返る『籠の鳥続編』

さて、日活と松竹の相次ぐ参戦を受けて、元祖の帝キネでは急拠続篇の製作に乗り出し、十月十五日から大阪の芦辺劇場で『籠の鳥後篇』と題して封切った。なお、タイトルはその後『籠の鳥続編』として一般化していく。前作と同様に監督が松本英一で、里見明と澤蘭子が主演している。「北国新聞」にあらすじが掲載されているので紹介しよう。

お糸の姿が無くなつた後文雄は日夜カフエーで酒に浸つてゐたが、どうしてもお糸が死んだとは信じられなかつた、そして懊悩を抱いて文雄は思ひ出の巖頭に毎日来ては新しい涙にくれてゐた。一方お糸は奇跡的に深山に獣の様な生活をしてゐる山男に救はれゐたが美しいお糸の姿を見た山男は生まれて初めて忌まはしい欲望をお糸にかけてしまつた、そしてお糸は苦しい幾日かを過ごしたが、お糸は山男の手から救はれた、その救ひ主は恐ろしいだるまやの主人であつた。お糸の喜びもつかのま彼女は又も苦しまねばならなかつた。然し幾日か過ぎた或る一日

の事、思ひ出深い籠の鳥の歌は遂に二人を引合して呉れたのであった。(38)

死んだはずのお糸は、獣のような生活をしている山男に救われていたのだった。そして、その山男の手からも抜け出して、お糸は文雄と結ばれることになる。

大阪では、「前篇同様連日大入満員」(39)とうたわれ、日延べしている。東京や地方都市でもこの続篇は大ヒットし、どの映画館でも大入り満員の盛況となっている。

・東京　十月二十三日―　浅草遊楽館、『後篇籠の鳥』『白藤権八郎』『恋以上の恋』

・神戸　十月二十二日―　二葉館、『続編籠の鳥』『荒神山の血煙』『恋の勇者』

―「白熱的大好評を博せし小唄情話の後日物語を御覧下さい」「切なき恋に悩み果て、結婚の夜厳頭より身を投げし乙女の若き生命？浮世の波は徒らに荒れ狂ふ」「相変らず人気白熱する」「若人の胸底に滲みるこの哀唄を聞け！」

・福岡　十一月三日―　友楽館、『続編籠の鳥』『白藤権八郎』『第三拳闘王』

―「大入満員」「夜の街に流るゝ籠の鳥の唄は……文雄、お糸の恋を如何に操るか？……前篇に勝る此の続篇を見られよ」

・函館　十一月二十一日―　宝来館、『続籠の鳥』『己が罪』『鷲の爪』

・金沢　十一月二十五日―　帝国館、『続編籠の鳥』『清水次郎長』『孤児の唄』

―「満都のファンが熱狂的同情の涙を絞たる帝キネ作品独占的絶対逸品」「私は婚礼姿の

まゝ岩頭に立た時幸か不幸か恐しき人に助けられました地獄の様な所に押し込められました皆様の御同情にて恋しい文雄さんに御逢わせ下さい願ます」[40]

小唄映画ブームの発展

こうして一躍巻き起こった『籠の鳥』ブームだが、今度はほかの流行小唄にも応用して新たな小唄映画を作る動きが生まれてくる。まず日活が『恋慕小唄』を製作した。原作が村田実、脚色が細山喜代松、監督が鈴木謙作で、酒井米子と若葉馨が主演している。新聞広告に紹介された小唄は次のようなものである。

親の許さぬ恋じやとて　諦らめられよかねへお前
いつそ二人は知らぬ国　はなれ小島で暮そうよ
はなれ小島に住めばとて浪の音聞きや悲しいわ
沖の鷗にふるさとのうわさ位いは聞きたいは[41]

『恋慕小唄』は主演の酒井米子らが吹き込んだ映画劇レコードも発売されていて、日活ではこのレコードを映画上映中に流して、映画に情調を添えることを試みていた。[42]

これに対して、松竹は『関の五本松』で対抗した。落合浪雄原作で、牛原虚彦監督、梅村蓉子と東栄子が主演している（図12）。「関の五本松」の歌は次のようなものである。

関の五本松、一本切りや四本
あとは切られぬ夫婦松

図12　映画『関の五本松』
（出典：「キネマ旬報」1924年10月21日号、キネマ旬報社、国立国会図書館所蔵）

シヨコホイシヨコイチリキヤノオンマツ
ホイ〱
関の岬に、燈台あれど
恋の闇路は照らしやせぬ
シヨコホイシヨコイチリキヤノオンマツ
ホイ〱(43)

「関の五本松」の歌はもともと島根県松江市の美保関に伝わる民謡だったが、それが流行小唄になったものである。このような歌からいったいどのような映画を作ったのだろうか。「キネマ旬報」一九二四年十月二十一日号に掲載されたあらすじを要約する。美保関の漁村に三人の若者と二人の娘がいた。この五人は幼い頃からの遊び友達で、うち男女一組は近く夫婦になる予定だった。もう一組の男女も恋仲だったが、娘のほうに親が決めた相手がいたために、若者のほうが諦めて寂しく村を去っていくといった話である。『籠の鳥』と同じような結ばれない若者たちの恋を描いた映画である。

この『関の五本松』もやはり各社の競作となり、「都新聞」は東亜キネマと帝キネが「五本松」の映画化に手をつけ始めたと報じている。[44] 実際に、東亜キネマの『関の五本松』は脚色澤田晩紅、衣笠貞之助監督で森静子、片岡市太郎が主演し、現地の美保関でロケをおこなって製作・公開している。[45]

このほか、北原白秋の「雨はふるふる城ヶ島の磯に利休ねずみの雨がふる」で始まる「城ヶ島の雨」（作曲：梁田貞）も小唄映画となり、『城ヶ島の唄』（監督：島津保次郎、配給：松竹、一九二四年。タイトルは『城ヶ島の雨』とされることもある）として公開している。

このように帝キネの『籠の鳥』の大ヒットは一躍『籠の鳥』ブームを巻き起こし、さらにこのブームはほかの流行小唄へも波及し、こうして小唄映画ブームが震災後の映画界を席巻したのである。

7――『籠の鳥』劇もブームに

『籠の鳥』劇も全国で過熱化

小唄映画ブームは芝居にも波及した。『枯れすすき』の劇化についてはすでにみたとおりだが、それに輪をかけて『籠の鳥』の劇が全国で盛んに上演された。

九州の福岡では、九月末に新派界の人気者といわれた久保田清一派が博多劇場に乗り込んで『籠の鳥』劇を上演して連日連夜大盛況となり、その後、飯塚の中座劇場に巡演している。

他方、函館では、十月下旬に『流行小唄社会劇籠の鳥劇』と題する新派劇が巴座で上演され、連日大盛況になった。新聞の劇評によれば、古い新派劇に「籠の鳥」の小唄をあしらったもので、「夫の画家に欺かれて苦界に身を沈めた妻が、怒りと嫉妬に燃えて夫と情婦を始め、二名の男までも殺す」[46]というあらすじである。歌とも映画とも内容的にあまり関係がないように思われるが、函館では、その直前の十月十六日から宝来館で帝キネの『籠の鳥』を上映していたから、その流行に便乗したものだろう。

このように、『籠の鳥』劇はストーリーから配役までまったく自由に創作することが可能だったことから、同じく『籠の鳥』劇と銘打って、内容がまったく異なった複数の芝居が同じ市内で同時に上演されることも少なくなかった。その典型的な例は名古屋で、ここでは『籠の鳥』劇ブームが過熱化していた。

名古屋では『籠の鳥』劇が乱立

名古屋では、まず九月初めのほぼ同じ時期に次の三つの劇場で『籠の鳥』劇の上演が始まった。簡単な劇評を紹介しよう。

・九月六日―　歌舞伎座、久保田清一派『籠の鳥』
―「果敢ない恋、友情、浮世の義理此三つを骨子として脚色せしもので流行の小唄をはさみ一番目「忠僕直助」と共に大人気」「興味本位の劇である丈け大向ふ受け最もよく連日盛況を続けてゐる」
・九月六日―　宝生座、関真佐男一派『籠の鳥』
―「舞台を名古屋にとりし丈け一層観客の興味を唆つて大好評」「今や全市の評判となり」
・九月七日―　大須楽天地、遠山満一派『籠の鳥』
―「連日連夜大入り」(47)

三つの劇場とも大評判となり、宝生座では、大詰めに「籠の鳥」の小唄が歌われ、新内節まで使って見物人が大喜びしたという。
さらに、今度は九月十三日頃から新守座以下の三座で『籠の鳥』の上演が始まり、次いで『続編』と『新籠の鳥』も加わって前編を超す大人気となった。

・九月十三日―　新守座、村田一派『籠の鳥』
・九月十三日―　帝国座、福島清ほか『籠の鳥』
・九月十七日―　蓬座、木村正一一派『籠の鳥』
・九月十四日―　宝生座、関真佐男一派『籠の鳥続編』

・九月二十八日―　帝国座、山田九州男『新籠の鳥』
・九月三十日―　宝生座、酒井政俊ほか『喜劇籠の鳥』

では、なぜ名古屋でこのように『籠の鳥』劇が過熱化したのだろうか。その要因として指摘できるのは、名古屋ではもともと映画よりも芝居のほうが盛んだった点である。一九二四年（大正十三年）に実施された名古屋市内の民衆娯楽施設に関する調査結果は次のようなものだった。

	館数	年間入場者数	入場料総額
活動常設館	十二	百六十五万人	四十七万円
劇場	二十五	二百四十九万人	四百十二万円(48)

年間入場者数をみると、圧倒的に劇場のほうが多く、活動常設館の約一・五倍になっている。また、入場料金も劇場のほうが高いこともあって、入場料総額は劇場が活動常設館の約九倍にのぼっている。このような背景があって、人気演目となった『籠の鳥』が一躍劇場で盛んに上演されたものと思われる。

『籠の鳥』劇の過熱化のもうひとつの要因として、芝居の場合には音楽も歌も台詞も生で味わうことができたから、とりわけ「小唄」劇の場合には、声がない無声映画よりも芝居のほうがはるかに臨場感あふれる魅力を観客に対して提供することができた点が考えられる。

しかし、映画の場合でも、次にみるように音楽的要素は非常に重視されていた。

8——小唄映画における歌手と観客

小唄映画と独唱歌手

音がない無声映画にとって音楽は非常に重要な要素であり、大正の初め頃(一九一〇年代前半)から常設館へのオーケストラの導入が進み始める。そして大正半ば頃(二〇年前後)までに主要な常設館にはそれぞれ自前の管弦楽団が備え付けられるようになっていた。

他方、観客の側でも音楽への期待は大きく、興行者への希望として「音楽を重んじてほしい、吾々に対して音楽を簡易に聞かせてくれる機関は茲より他に一寸望めないから」(49)といった声が寄せられている。市民が手軽に管弦楽に接することができる場所として、映画館は貴重な存在になっていた。映画によっては、管弦楽に加えて三味線や太鼓といった和楽器を演奏する場合もあった。

さらに、小唄映画の場合には、楽器に加えて歌という要素が重要な意味をもってくる。スクリーンの陰で歌う独唱歌手が、小唄映画にとってなくてはならない存在だった。独唱歌手は一般的にはその地方の在住者が務めたが、なかには本社から派遣される場合もあり、広告などでも「日活専属の喜多見妙子が特派され「新籠の鳥」を独唱で上映」「東京本社より特派せられたる独唱 柳君子嬢」「声楽界の明星松下京子嬢特別出演(50)」と特筆されている。小唄映画では、独唱歌手が歌う歌が最大のセールスポイントだったといえるだろう。また、歌手は一人とは限らず、複数歌手によるコーラスや、次の例のように男女の掛け合い方式をとる場合もあった。

当時大阪の中学生で、のちに日本ビクターのディレクターになる上山敬三は、学校で禁止されていた『籠の鳥』を人目を忍んで見にいった。その体験談によれば、歌の場面になると、スクリーンの暗がりから、まず男のしゃがれ声で「逢いたさ見たさに」と歌いだす。その後、今度は反対側の暗がりから女のキンキン声で「あなたの呼ぶ声忘れはせぬが」と歌ったという。(51) 歌の内容に合わせて、このような男女の掛け合い方式で歌われる場合もあったようだ。

観客も大合唱

なお、歌手が歌う際に、観客も一緒になって合唱することも少なくなかった。浅草電気館では「ストトン節」を観客が一緒になって歌っていたという。

帝キネが流行小唄『籠の鳥』を映画にして大当りを取つて以来映画界では小唄物が大流行、日活が『新籠の鳥』と云ふのを作るかと思ふと松竹キネマも負けず劣らずで『小唄集』なるものを作つて『籠の鳥』『鈴蘭』『スツトトン』の三つを映画に作つて浅草電気館で封切して居るがこれがまた大当りと云ふ景気、殊に『スツトトン』の如きは三味線、太鼓ではやし立てる賑やかさに、観客まで一緒になつて「スツトントンスツトントンと通はせて」と唄ひはやす処大いに民衆慰安振を発揮して居ると云ふ。(52)

三味線や太鼓に合わせて、観客も一緒になって歌うこのような現象は、浅草電気館だけで発生したのではなかった。小唄映画に取り上げられた小唄は「ストトン節」だけでなく、「籠の鳥」や「船頭小唄」をはじめ、いずれも市中で広く流行していて、誰もがすぐに歌える歌だったことから、観客も歌手と一緒に歌いたくなるのは無理からぬことではある。

しかし、流行小唄が次々と映画化されて小唄映画が乱立してくるとともに、その過熱ぶりが際立つようになる。ここまでに登場した小唄映画をあげただけでも、『船頭小唄』『籠の鳥』『新籠の鳥』『小唄集（鈴蘭・ストトン節・最新籠の鳥）』『籠の鳥続編』『恋慕小唄』『関の五本松』『城ヶ島の唄』と続くが、このほかにもまだまだ流行小唄を主題とする映画が数多く作られつつあった。

そして、これらの小唄映画は人気が長く続くものが多かったこともあって、同じ市内の映画館でこれらのさまざまな小唄映画が同時に上映されることも少なくなかった。オーケストラの伴奏で歌手が歌い、観客が合唱するといった光景が全国の映画館で繰り広げられていったのである。

しかしこのような小唄映画のあまりの過熱ぶりはついに警視庁の注目するところとなり、その取り締まりに乗り出していくことになる。

注

（1）菊池清麿『さすらいのメロディー鳥取春陽伝——日本流行歌史の一断面・演歌とジャズを駆け抜け

た男』郁朋社、一九九八年、五三ページ、今西英造『演歌に生きた男たち――その栄光と挫折の時代』文一総合出版、一九八〇年、二二ページ
（2）園部三郎『日本民衆歌謡史考』（朝日選書）、朝日新聞社、一九八〇年、一二五―一二六ページ
（3）鳥取春陽に関しては、前掲『さすらいのメロディー鳥取春陽伝』および杉座秀親『鳥取春陽――日本モダニズムのなかの演歌師』（くんぷる、二〇一六年）などを参照。
（4）「民衆娯楽」誌（青年親交会）で確認できる鳥取春陽の手記や曲譜は次のとおりである。「夜の秘密・浅草町木賃宿の出来事」第五巻第四号、一九二三年、「山村物語・ある模範村の話」第五巻第六号、一九二三年、「わたしゃ黒猫」第五巻第六号、一九二三年、「監獄朝から晩まで」第五巻第八号、一九二三年
（5）「大阪朝日新聞」一九二四年十月十一日付夕刊
（6）「キネマ旬報」一九二四年十月十一日号、キネマ旬報社、二二ページ
（7）藤沢衛彦『流行歌百年史』第一出版社、一九五一年、三八一ページ
（8）親絃楽譜編輯部編『流行小唄籠の鳥』親絃楽譜出版社、一九二四年
（9）前掲『鳥取春陽』二二八ページ。なお、一九二〇年頃の石川県の「小原節」の歌詞が「演歌」第十一号（青年親交会、一九二〇年）に紹介されている。
（10）LP『街角の詩――演歌のルーツ、鳥取春陽コレクション』の同名の解説書（添田さつき）、一九七九年、四ページ。なお、この資料は宮古市の新里生涯学習センターから提供していただいた。
（11）板橋倫行「籠の鳥」、日本歴史学会編「日本歴史」一九五七年三月号、吉川弘文館
（12）殿山泰司『三文役者あなあきい伝 part1』（講談社文庫）、講談社、一九八〇年、二二ページ
（13）前掲『街角の詩』四ページ

(14)「キネマ旬報」一九二四年八月十一日号、キネマ旬報社、一八ページ
(15)「大阪朝日新聞」一九二四年八月十四日付夕刊
(16)「大阪朝日新聞」一九二四年八月二十八日付夕刊、九月十三日付夕刊、「大阪時事新報」一九二四年九月二十日付夕刊
(17)「国民新聞」一九二四年八月二十三日付
(18)「都新聞」一九二四年九月五日付
(19)田中純一郎『日本映画発達史』第一巻、中央公論社、一九五七年、三九一―三九二ページ
(20)「神戸又新日報」一九二四年八月二十七日付、九月四日付、九月八日付、九月十一日付
(21)「函館毎日新聞」一九二四年十月二十日付夕刊
(22)「東京毎日新聞」一九二四年九月二十二日付
(23)「東京毎日新聞」一九二四年十月十四日付
(24)「キネマ旬報」一九二四年十月一日号、キネマ旬報社、一九―二〇ページ
(25)「東京朝日新聞」一九二四年九月二十四日付、「都新聞」一九二四年十月二日付
(26)「福岡日日新聞」一九二四年九月十七日付、「北国新聞」一九二四年十月二日付、「秋田魁新報」一九二四年十月二十四日付、二十六日付、「河北新報」一九二四年十月三十日付、「函館毎日新聞」一九二四年十一月七日付
(27)「キネマ旬報」一九二四年十一月一日号、キネマ旬報社、二八ページ
(28)「都新聞」一九二四年十月十七日付
(29)「神戸又新日報」一九二四年九月二十七日付、「名古屋新聞」一九二四年十月三十一日付夕刊、「河北新報」一九二四年十月三十一日付

(30)「名古屋新聞」一九二四年十月二十六日付夕刊
(31)前掲『演歌師の生活』二二四ページ
(32)「函館毎日新聞」一九二四年十月十九日付夕刊
(33)田宮虎彦「昔の絵」「小説新潮」一九六三年二月号、新潮社、一九四ページ
(34)「京都日出新聞」一九二四年九月二十七日付夕刊
(35)倉田喜弘編『近代はやり唄集』(岩波文庫)、岩波書店、二〇一六年、二二七ページ
(36)前掲『流行歌百年史』三八四ページ
(37)「都新聞」一九二四年七月二十四日付
(38)「北国新聞」一九二四年十一月二十六日付夕刊
(39)「大阪時事新報」一九二四年十月二十三日付夕刊
(40)「神戸又新日報」一九二四年十月二十二日付、二十六日付、二十九日付、「福岡日日新聞」一九二四年十一月六日付、七日付、「北国新聞」一九二四年十一月二十五日付夕刊
(41)「名古屋新聞」一九二四年十月八日付夕刊
(42)「秋田魁新報」一九二四年十一月二十一日付
(43)添田啞蟬坊『流行歌明治大正史』(「添田啞蟬坊・添田知道著作集」別巻)、刀水書房、一九八二年、三七一ページ
(44)「都新聞」一九二四年十月十三日付
(45)「名古屋新聞」一九二四年十月十日付夕刊、「北国新聞」一九二四年十月二十八日付夕刊
(46)「函館毎日新聞」一九二四年十月三十日付夕刊
(47)「名古屋新聞」一九二四年九月七日―十一日付

(48)「名古屋新聞」一九二四年八月十日付
(49)「大阪朝日新聞」一九二四年八月二十日付
(50)「秋田魁新報」一九二四年十月二十四日付、「函館毎日新聞」一九二四年十一月七日付、「河北新報」一九二四年十月三十一日付
(51)上山敬三『日本の流行歌——歌でつづる大正・昭和』(ハヤカワ・ライブラリー)、早川書房、一九六五年、二〇ページ
(52)「読売新聞」一九二四年十月四日付

第5章——流行小唄禁止令と合唱する観客への恐れ

1——流行小唄禁止令とその背景

警視庁による流行小唄の禁止令

流行小唄の大流行とそれを映画化した小唄映画のあまりの過熱ぶりに、ついに警視庁が動きだした。警視庁が流行小唄の禁止令を打ち出すのは一九二四年(大正十三年)十一月八日のことである。帝キネ版の『籠の鳥』の封切りからまだ三カ月しかたっていない時期である。翌九日付の全国紙と地方紙のほとんどすべての朝刊に、それを報じる記事が掲載されている。ここでは「河北新報」の記事を紹介しよう。

すとゝん、籠の鳥は今後は絶対にうたつてならぬ

「俺は河原の枯すゝき」の小唄が流行してからかうした小唄が非常に流行し三歳の童子までうたつてゐるが最近またストゝン、籠の鳥などの小唄が有産階級まで行き亘つて活動写真の小唄映画上映なども才ーケストラにつれて合唱するといふ有様にやうやく気づいた警視庁では亡国的な歌は児童教育或は民衆の気分を乱させるから断然取締ること ゝし内務省と協議の結果全国警察署に右唄をうたふことは革命歌同様絶対に禁止することになつて八日右の通牒を全国に発した（東京電話）(1)

警視庁から全国の警察に対して、「ストトン節」や「籠の鳥」などの流行小唄の禁止を内容とする通牒が発せられたという記事である。この通牒の詳細な内容については、本章のあとのほうで他紙の記事などとも比較して分析するが、ここでまず素朴な疑問として浮かんでくるのは、そもそも流行小唄といったささいな事柄に対して、なぜ警視庁がわざわざ乗り出してきたのかということである。

風俗取り締まりの一環として、流行歌に対する規制自体はすでに早くからおこなわれていた。例えば一九一八年（大正七年）の芸術座公演『生ける屍』のなかで「今度生まれたら」（作詞：北原白秋、作曲：中山晋平）という劇中歌が歌われたが、そのなかの「かはい女子《おなご》と寝て暮らそ」という歌詞を「風俗壊乱」であるとして警視庁はこの歌を歌うことを禁止している。(2)

しかし、一九二四年（大正十三年）の流行小唄禁止令はかなり大がかりで、全国の警察網に指令して流行小唄に対する全国的な規制をねらっているが、なぜここまでする必要があったのだろうか。

ひとつの原因としては、これまでの章でみてきたように、『籠の鳥』をはじめとする小唄映画が東京や大阪だけでなく全国的に一大ブームを巻き起こしていて、その影響力が全国に及んでいたことがあげられる。

もうひとつの原因としては、「籠の鳥」をはじめとする流行小唄に対する社会的批判の急激な高まりである。実際に府県レベルで、小・中学校に対して「籠の鳥」を禁止する動きも起きてきていた。警視庁の禁止令はこのような社会的批判にある程度押されて出てきた可能性が考えられるので、まずこれらの批判の内容を検討してみたい。そこから、「籠の鳥」をはじめとする流行小唄を当時の人々がどのように感じていたのかがわかるはずである。

「籠の鳥」を歌う小学生たちへの非難

前章でみたように、「籠の鳥」の流行が本格化してくるのは、一九二四年（大正十三年）七月のレコード発売と八月の帝キネの映画『籠の鳥』の封切りによってであった。

新聞の投書欄を調べていくと、早くも八月十三日の金沢の「北国新聞」夕刊で、「籠の鳥」の流行を批判する声を二件同時に掲載している。

籠の鳥　　　　たしろ生

◇附時家庭と云はず往来と云はず小さな児童達から高等一、二年の者が高らかに俗称「籠の鳥」とか云ふ歌を、さも節面白相にやつて居るが一体どうした訳か、豈夫学校当局が新作流行節教化とでも在るまい兎に角此の歌が児童達に根強く普及して居るのは事実であり一問題である◇素よりこれが責を当局及先生にのみ求むるは軽卒だが彼の市内の某常設館に最近『籠の鳥』の映画が公開したことも亦た大に与る所多々ある我々は係る事をば一笑に付し居るならば学校当局及び教師に大に詰問すると共に一般父兄の注意を促す

城北の中学校生投

先生達に

近時何処へ行つても耳にするは籠の鳥である。

◇実際あの唄をきくと嘔吐をもよほしたくなる。殊にあの純な潑剌たる子供がこうしたいやしい、つまらない唄をうたつてゐてちつとも物の分つた唄を聞してくれない、先生達よ何故子供に適した唄をうたはさないのだ童謡があるではないか唱歌帳には立派な唄が多くあるではないか、つとめて多く其をうたはしてほしい。あんな唄の害は百も二百も承知してゐられるであらう。一切の流行歌は絶体に取り締つてほしいものである。

二件とも、小学生をはじめとする純真な子どもたちが「籠の鳥」を歌うことへの厳しい非難の声である。「籠の鳥」の内容は男女の逢い引きを歌った大人の恋の歌であり、それを子どもたちが歌うことへの反発の声といえるだろう。このように、「籠の鳥」批判の焦点は、まず第一に子どもたちへの伝播とそれにともなう悪影響への懸念であった。

しかし、批判はそれだけにとどまらず、さらに、その批判の矛先が学校当局と先生たちに向けられていることにも注意する必要がある。「籠の鳥」の児童への伝播をそのまま放置するのではなく、学校当局に何らかの手段で取り締まってほしいという要望が寄せられた。子どもたちには童謡や唱歌を歌わせるべきで、「一切の流行歌は絶体に取り締つてほしい」という中学生の声は、その後の警視庁の流行小唄禁止令をそのまま先取りしたような意見である。

ほかの地域でも同じような声が寄せられている。姫路近辺の例をみてみよう。九月の投書である。

籠の鳥の歌を

姫路市の北六里、飾磨郡最北部の小学生は学校通ひの往復に今よく不良少年少女が歌ふ流行歌「籠の鳥」を歌ひますその文句は

一、会ひたさ見たさに怖さも忘れ暗い野路を只二人、二、会ひに来たのに何故出て来ない僕の呼ぶ声忘れたか、三、あなたの呼ぶ声忘れはせぬが出るに出られぬ　籠の鳥…出るにといふのです、一体こんな歌を小学生が歌ふのはあまり感心しませんが先生の方でこんな歌は注意して欲しいものです、父兄としても尋常二三年生から高等一二年生でこんな歌を歌つたら決して嬉しい気持はしまい（一父兄）(3)

姫路でも、構図は金沢とまったく同様である。尋常・高等の小学生が学校の往復に「籠の鳥」を歌うことへの非難と、学校当局による取り締まりへの要望である。そして、このような例はおそらく氷山の一角にすぎず、ほかの地域でも同じように子どもたちが「籠の鳥」を盛んに歌いだすとい

う状況が生じていたものと思われる。

2——流行小唄の小学生への広がり

小学生の流行小唄認知度調査

では、実際に、当時の子どもたちがどの程度「籠の鳥」などの流行小唄を知っていたのか。その興味深い調査が大阪で実施されている。これは大阪府下の小学生三十六万人を対象とする調査の一部で、「籠の鳥」や「関の五本松」といった俗謡を知っているかどうかを調査したものである。この調査のうち大阪市内某校の調査結果が残っているが、そこにはかなり驚くべき実態が記されている（表2）[4]。

俗謡を知らないと回答した小学生のあまりの少なさに驚かされる。調査人数が不明の五年生を除くと、合計五百五十四人のうち、俗謡を知らない小学生はわずかに七人だけで一パーセントにすぎない。百人中で九十九人は知っていたことになる。これらの児童たちが学校の行き帰りに盛んに「籠の鳥」などの俗謡を歌っていたわけである。このような調査結果を目にすると、父兄たちが学校当局への取り締まりを要望するようになるのも無理からぬことではあると思う。

なお、児童と映画との関係についての調査もおこなわれている。震災前の調査だが、一九一七年（大正六年）の文部省普通学務局の調査によれば、東京市内三十一の小学校五、六年生以上の児童のうち、九八・七パーセントが映画を見たことがあり、五〇・八パーセントは月一回以上の観覧習慣をもっていたという(5)。

地方都市でも同じように、小学生たちは学生たちとともに映画観客の中心的存在だった。一九二三年（大正十二年）の秋田市のある常設館の弁士の観察によれば、学生・生徒は観客の六割を占めていたという(6)。

表2　大阪市某小学校の俗謡認知度調査

学年	生徒数	「籠の鳥」などの俗謡を知らない者
尋常1年生	136	4
尋常2年生	121	2
尋常3年生	97	0
尋常4年生	107	1
尋常5年生	（不明）	0
尋常6年生	93	0
計	554	7

秋田劇場の弁士より見たるお客さんなるものを観察してみる毎晩千人内外の観覧客があるとして大ザッパに見て六分は学生である中学校、女学校、鉱専、工業、それから内々は禁ぜられてゐるといふが師範、女子師範も時々見えるまだある市内いくつかの小学校生徒……残り四分は一部の商人、職人、医師、弁護士とあらゆる階級を網羅してゐる

このように、東京でも地方都市でも、小学生たちは映画の熱心な観客であり、そのなかには小唄映画を見る者も少なくなかったと思われる。

表3　児童の読む雑誌

都市（男子）		都市（女子）		農村	
少年世界	113	譚海	119	日本少年	13
日本少年	99	少女世界	115	少年世界	13
少年倶楽部	44	少女の友	66	少女の友	11
譚海	35	少女画報	47	少女世界	8
世界少年	31	小学少女	41	少女	7
金の船	30	少女号	32	少年世界	4
飛行少年	18	少女	26	学の友	4
童話	17	幼年の友	23	小学男生	3
幼年世界	15	小学女生	22	樫の実	3
小学少年	14	赤い鳥	19	小学女生	2
小学男生	12	少年世界	11	小学少女	2
赤い鳥	10	おとぎの世界	8	児童の綴方	2

「赤い鳥」よりも「籠の鳥」

「籠の鳥」非難のもうひとつの背景として、童謡ブームの高まりをあげることができる。一九一八年（大正七年）の児童向け雑誌「赤い鳥」（赤い鳥社）の創刊とともに童謡ブームが巻き起こり、「金の船」、「金の鳥」（金の鳥社）、「おとぎの世界」（文光堂）といった類似雑誌が登場した。童謡ブームによって児童向けの新しい童謡も数多く生み出され、大正後期から昭和にかけては童謡の時代となった。[7]

そして、童心を重視したこの新しい童謡の側からみた場合、「籠の鳥」がまったくその対極にある忌避すべき歌であったことはいうまでもない。先に引用した金沢の読者の投書にも、「童謡があるではないか唱歌帳には立派な唄が多くあるではないか」とあるように、子どもたちに歌わせたいのはこの童謡のほうであって、決して「籠の鳥」ではなかった。

しかし、「赤い鳥」をはじめとする童謡雑誌は実際には子どもたちにそれほど読まれていたわけではなかったようである。一九二一年(大正十年)に都市と農村の児童を対象に、「どんな雑誌を読んでゐますか」という調査をおこなっているが、結果は表3のようなものだった。なお、調査人数は明記されていないが、都会の回答数は千百三十一票、農村は九十票だった。(8)

回答結果から明らかなように、この時期は博文館の「少年世界」「少女世界」「譚海」や講談社の「少年倶楽部」などの大衆的雑誌が圧倒的に多く読まれていた。それと対照的に、「赤い鳥」や「金の船」といった童謡雑誌の読者は都市部でもきわめて少数にとどまっていて、農村部では「赤い鳥」も「金の船」もほとんど読まれていない。

もちろん、童謡はこれらの童謡雑誌だけでなくレコードや音楽会、少女歌劇などを通じて、さまざまな形で普及していったのはたしかである。しかし、以上の三つの調査、すなわち流行小唄の認知度調査、映画の観覧度調査、雑誌の購読調査をあわせて考えるとき、童謡ブームの高まりにもかかわらず、当時の一般的な児童たちの実際の生活では、童謡よりも「籠の鳥」のような流行小唄のほうがはるかに浸透度が高かったように思われる。

しかし、このような実態は、逆にそれだけますます「籠の鳥」への非難と取り締まりを求める声を高める結果へとつながっていくことになる。

3——「籠の鳥」禁止令の全国化

広島県と兵庫県で「籠の鳥」の禁止

そして、このような学校当局への取り締まりを要望する声の高まりに応えて、十月に入ると、実際に「籠の鳥」の禁止令が広島県で県下の各小・中学校に対して発令される。「大阪毎日新聞」が次のように報じている。

> 唄へぬ「籠の鳥」　風教上から広島で禁止さる
>
> 目下大流行の小唄「籠の鳥」が唄に演劇に種々雑多なものに仕組まれて数ケ月前から広島地方に持て囃され、今や町も田舎も子供も大人も一様にその淫靡で悲調を帯た俗謡を吟《くちずさ》み乍ら「「籠の鳥」の劇評に花を咲かす有様なので、今では小学校の校庭にまで変な風調が侵み入つて児童が平気で放歌する状態となつたゝめ広島県では教育上並に社会風教上由々しき大事として十四日県下各郡市小中学校に対しこれが取締方を通牒し併せて精神訓育の科外講演をなすことゝなつた」（広島来電）(9)

記事中に「数ケ月前から広島地方に持て囃され」とあるように、おそらく「籠の鳥」のレコードが発売された七月頃から広島でも流行し始めたものと思われる。広島での映画の上映状況については不明だが、「劇評に花を咲かす有様」とあることから、名古屋の場合と同様に、広島でも演劇化して上演したケースが多かったのだろう。

このような小唄禁止令は広島県だけにとどまらなかった。さらにその二週間後、兵庫県でも「籠の鳥」の禁止令が発令されている。

「籠の鳥」禁制　兵庫県下で

兵庫県では最近活動写真館内で籠の鳥、恋慕小唄等の俗謡を映画に伴うて盛に唄はせてゐるので右は児童の教養上頗る面白からぬ結果を見るので而今籠の鳥その他これに類する俗謡を断然禁止すべく二十九日警察部長より県下各署長に通達を発した。(10)

ここで注意したいのは、広島県では学校ルートで通牒が出されたのに対し、兵庫県では警察ルートを通じて警察部長から県下の各署長に通達が発せられている点である。そして、どうやら活動写真館内での俗謡の歌唱が問題になっているようだが、「俗謡を断然禁止」とあるだけで、規制の詳細については書かれていない。

そして、兵庫県で発せられたこの俗謡禁止令が、そのわずか十日後には、警視庁による禁止令となって全国規模で実施されていくことになる。その意味では、広島県や兵庫県といった府県レベルでの禁止令の出現が、警視庁による全国的規制の呼び水となったのである。

流行小唄禁止令の真の狙い

十一月八日に発せられた警視庁による小唄禁止令については、すでに本章の冒頭で「河北新報」の記事を紹介したが、筆者が調べたかぎりで、全国の十八の新聞に同じような内容の記事が掲載されている。十日付の一紙を除いて、いずれも十一月九日付のものである。同じ日付の報道ということと、記事の末尾に（東京電話）と付記していることから、官庁発表の記事をそのまま報じたものと思われる。

しかし、これらの記事を読んでも、この小唄禁止令がいったい小唄の何をどのように規制しようとしたのかわからず、その意図がきわめて曖昧な内容になっている。例として「京都日出新聞」の記事を読んでみよう。

社会風教を害する俗悪な小唄を禁止
先づ警視庁が厳しい法度　革命歌同様に取締る

「俺は河原の枯れすゝき」の小唄が流行してから斯うした頽廃的な小唄が非常な勢ひで流行し近頃ではスツトン〳〵節や籠の鳥さては関の五本松が人々の間に口ずさまれて居り中産階級以上の家庭にまで入込んで活動写真に斯うした小唄が映写されるとオーケストラに連れて観衆は合唱すると云ふやうな有様で其流行は実に驚くべき程で三歳の児童すら唄ふやうな状況に警視庁では漸く注意することゝなりそうした亡国的の歌は児童教育上から或は社会風教上より見て

民衆の気風を腐敗させるものであるから断然今後は取締ることゝなり内務省と協議の結果地方警察部に今後は革命歌と同様絶対に禁止することに決定し八日右の通牒を全国に発した（東京[11]）

ここで報じられている通牒の要点は次の三点である。

①まず頽廃的な小唄の例として「船頭小唄」「ストトン節」「籠の鳥」「関の五本松」をあげて、これらの小唄は三歳の児童が歌い、中産階級の家庭にまで入り込み、活動写真でもオーケストラと一緒に観客が合唱するようになった。

②これらの小唄は児童教育上や社会風教上から民衆の気風を腐敗させるものだから、今後は断然取り締まることにし、

③革命歌と同様に禁止する旨を地方警察部に通牒した。

一言でいえば、頽廃的な流行小唄を革命歌と同様に禁止する指令が警視庁から全国の警察に発せられたということだが、流行小唄の禁止といっても、いったい何をどうやって取り締まるのか、その実際の方法についてはまったく書いていない。

そのために、そもそもこの通牒がいったい何をねらったものなのかが非常に曖昧である。したがって、解釈の仕方によっては、流行小唄全般の取り締まりを指示したものと受け取られる可能性をも有していて、後述するように、実際にそのような例も存在していた。

しかし、警視庁のお膝元である東京の新聞を調べてみると、そこにはもう少し詳しい情報が書い

であり、この通牒が映画館内で小唄映画を上映する際の歌の禁止をねらったものであることがわかった。

4――小唄映画の歌の禁止とその反響

小唄映画での歌唱行為の禁止

先に述べたように、映画館で小唄映画を上映する場合は、歌の場面になると画面に歌詞の字幕や音譜を写し、オーケストラをバックにスクリーンの陰から独唱歌手が歌い、観客も一緒になって合唱することが広くおこなわれていた。

警視庁の通牒は、小唄映画の歌の場面でおこなわれていたこれらのすべてを禁じるものだった。この点については「読売新聞」が詳しい。

流行小唄のフヰルムは風俗をみだすと御法度
観客が唄ひ女と声を揃へてストトンと浮かれ出すので
最近小唄集ストトン〳〵節の様な流行歌を土台としたフヰルムが各所の各活動写真館に続々上映せられ盛んに人気を呼んで居るが同フヰルムは其の流行歌の場面が現れるとオーケストラーにつれて唄ひ女が其の流行歌を唄ふので従つて観客が声をそろへて丁度浅草公園の安来節の様

に大騒ぎを演ずる様な傾向を示して来たので警視庁保安部に於ては風紀上面白くないと云ふので此れからは流行歌をフヰルムに現す事は断然許さない方針に出る事となつた同時に唄ひ女の出演も禁じたので従来のストトン〳〵、関の小松、鈴蘭の歌、籠の鳥等の小唄集のフヰルムの音譜は全部切取られる事となつたので映画会社では恐慌を来してゐる(12)

ここに明確に書いてあるように、警視庁の小唄禁止令の直接のねらいは映画館内での小唄映画の歌に関する統制であり、具体的には、①スクリーン上での歌の表示の禁止、②独唱歌手の出演禁止の二点だが、その結果として、③観客の合唱禁止もねらっている。

このうち、①のスクリーン上に歌を表示させないためには、該当部分の小唄の歌詞・音譜をフィルムから切り取るという作業が必要になってくるが、これも実際におこなわれたようである。というのも、別の新聞には、「八日は副見保安課長以下検閲官がこれ等のフヰルムを下見して如何がはしい処を切断せしめることになつた(13)」とその様子を具体的に報じているからである。

さらに、「中外商業新報」では、レコードに関しても、小唄物の「蓄音器のレコードを販売することを許さないやうにした(14)」と報じているが、これについては実際におこなわれたかどうかは不明である。

小唄禁止令の実施状況と拡大規制

このように、警視庁が全国の警察に向けて発した小唄禁止の通牒は、具体的には映画館内での小唄の歌唱の禁止だったが、実際に歌唱は止められたのだろうか。実施状況に関するまとまった調査は残っていないが、小唄禁止が実際に実施された例がひとつだけ知られている。甲府市の例である。「都新聞」によれば、甲府市の富士館では、禁止令の直後に実際に歌が中止されて、東京から来た歌手も独唱できなかったという。

◆甲府市　今週富士館では禁止された「籠の鳥」と「ストヽン」映画を上映する手筈になつてゐて東京からは写真と共に唄ひ女も乗り込んだが独唱する事が出来ず写真だけを上映してゐる唄を聴たくて押かけたお客納まらず「かまわねえからオイ唄つてくれッストントン奴《め》」といやはや大さうなストヽン騒ぎ。[15]

歌が急に中止されたものだから、観客が納得せずに騒ぎだしたというわけである。おそらくこのような状況は甲府市に限らず、全国の映画館でも同じように繰り広げられたものと思われる。

このように、警視庁の小唄禁止令の直接のねらいは、甲府市の例のような映画館内での小唄歌唱の禁止にあったが、先に紹介した「河北新報」や「京都日出新聞」をはじめとする地方紙に掲載された禁止令の記事はこの点が非常に曖昧だった。そのために、流行小唄全般の取り締まりを意味するものと解釈される可能性も有していた。

そして、実際に流行小唄全般の取り締まりへと発展した興味深い例が存在している。仙台の例である。

> ストトンを唄つて　女給お目玉
>
> 仙台警察署では其筋の通達に依り軽佻浮華の気風を宣伝する流行唄「籠の鳥」「すとゝん節」の謳歌を禁止することとなり内務省納本済みと詐称し猥褻極まる文句を印刷し読売してる香具師《やし》連を厳重取締市内から放逐したといふ事だが十日午前一時十分頃ほろよひ気嫌《きげん》のハイカラ美人がすとゝん〳〵と唄ひながら新傳馬町派出前を通行するので菊池薫巡査が呼止め取調たところ市内仲町一四工藤方中井八重子（二三）とて新傳馬町カフェー吉野事熱海よしの方の女給で内縁の夫は歌舞伎座文芸部の喜劇作者中井天声でありますと申し立て午後十二時過ぎ而《しか》も禁止されし亡国的の歌を唄ふものでないと懇々と説諭したさうだ（仙台発）[16]。

仙台では、街頭での流行小唄全般の取り締まりへと発展していて、その一環として、猥褻な文句を印刷して販売している香具師＝演歌師の市内からの追放が実際におこなわれている。さらに、路上で「ストトン節」を歌ったほろ酔い気分のカフェ女給を懇々と説諭するといったことまでおこなっていて、文字どおり流行小唄の「謳歌の禁止」を実施していたことがわかる。そして、このような街頭での「謳歌の禁止」措置は、仙台に限らずほかの都市でも実施された可能性も考えられる。

小唄禁止の是非論争

さて、小唄禁止令が報じられると、それに対する読者からの論争が新聞紙上で活発に繰り広げられていったが、まず賛成論から紹介しよう。「亡国の小唄」と題する「下野新聞」の投書では、「卑猥なる俗謡は亡国の種である」から、「当局の俗歌取締方針には双手を挙げて賛意を表する」として、次のように述べている。

亡国の小唄

◇併し悲しむ可き事にはこの二三年来斯る亡国の種がまかれ、亡国の兆がきざしてゐる事である、彼の船頭の小唄、山中小唄或は籠の鳥、スートン節等何れも亡国への進行曲である。◇これ等俗謡小唄の歌旨たるや音楽主義を賛美し刹那主義に憧れ更に進取的雄大の気なくひたすら恋愛を背景として徒らに青春の男女の劣情をそゝり堕落のドン底へと導くものばかりである、現代は何となく元禄時代を想はせる。◇混乱破滅の露国の亡国の兆は等しく卑俗なる俗謡の流行だと云はれて居る。今日の我国の映画界を見よ。亡国の歌を活動写真に作り盛んにそれが宣伝に努めて居る有様である。又夜半街路に立つて歌はれる歌が何れも亡国的歌ばかりである。私は今日程国家観念が緩んだ時代は余りないと思ふ。(17)

他方、小唄禁止令に対する批判的な投書もある。例えば、「小唄是非」と題する「読売新聞」の投書では、「あゝいふだらしのない小唄はあどけない児童に唄はせたくない」とは思うものの、高圧的に禁止するとかえって替え歌を誘発して、より淫靡になっていくのではないかという懸念を表明している。(18)

さらに、小唄自体を擁護する意見もある。「小唄讃美」と題する「読売新聞」の投書では、「流行つてゐる小唄は、俺達のものだ」として、小唄に対する熱烈なオマージュを次のように表明している。

小唄讃美

◇一体どこが猥褻なのか、如何なる理由が淫卑なのか、

◇唄に依つて与へられる民衆教化は偉大である。たまたま警視庁は変態小唄をとめた。だが、俺達には正統な唄がある筈だ。—とめられたが故に俺達は黙つてゐられるか！絶叫せよ、俺達の唄を！

◇俺達の生活意欲の一つの現れなる抵抗心は、本統の唄をうたふことに因つて、しばしば浄化されてゆく。兄弟よ、絶叫せよ、俺達の唄を！

◇重ねていふ、警視庁は俺達の唄をとめた。だが、俺達はうたはずにゐられるか（草間生）(19)

読者からのこれらの投書を読むとき、賛否両論というレベルを超えて、流行小唄が人々の生活に密接に関わり、深く溶け込んだ存在になっていたことを改めて再認識させられる。先ほど紹介した大阪市の児童調査ともあわせて考えると、警視庁が禁止令を発せざるをえないほどまでに流行小唄という存在は人々に深く浸透しつつあったことがわかる。

他方、小唄禁止令を受けて、作り手である音楽家の側からもいくつかの反応がみられる。まず山

田耕筰が談話を発表し、小唄は「一般民衆が生活上の慰安として」求めているから、それを禁じるのはなかなか難しい、国民歌を提示してその後に小唄の害を教えるようにすべきではないかと論じている。[20]

また、「船頭小唄」の作者であり、直接的な当事者ともいえる野口雨情と中山晋平が「清新な民謡」の普及に乗り出した旨の報道もなされている。[21] この動きは、その後の新民謡運動へとつながっていくことになる。

5——映画検閲と合唱する観客への恐れ

映画検閲の全国化へ

ところで、前述したように、小唄禁止令を実行する場合には、小唄の表示部分をフィルムから切り取るという作業が必要になってくる。これはすなわち映画の検閲そのものであり、小唄の禁止問題は映画検閲の問題と密接に関係している。[22]

一九二四年（大正十三年）のこの時点では、映画検閲は全国的に統一されておらず、警視庁および各府県ごとに個別になされていた。そのために、ある県で許可になった映画が別の県では不許可になったり、同じ映画でも複数県で上映する場合にはそのつどそれぞれの県の検閲を受ける必要があったりと、きわめて効率が悪いシステムだった。そこで、検閲の全国統一化の動きが二〇年頃から進められていたが、震災の影響などもあってしばらく停滞していた。

この動きが一気に進展するのが、実は小唄禁止令の直後である。検閲の統一化のための予算が閣議で承認されたというニュースが十一月十八日付と二十一日付の各新聞でそれぞれ報じられている。[23]小唄禁止令の十日後である。それによれば、検閲統一化の要求は内務省がこれまでもたびたび出してきたが、予算が成立しなかった。ところが、今回は検閲係設置の予算五万円が承認され、来年にでも警保局内に検閲係を設置して十数人の検閲官で業務を開始する予定だという。

検閲統一化は最終的に、翌一九二五年（大正十四年）五月二十六日に全文十五条と附則からなる「活動写真「フィルム」検閲規則」として公布され、七月一日をもって施行された。これが、三九年（昭和十四年）の映画法制定まで戦前の日本映画を規制することになる。

ところで、ここで注目したいのは、それまでまったく予算が通らなかった検閲係設置が急に承認された原因である。直接の関連を示す資料はないが、直前の警視庁による小唄映画への介入と流行小唄禁止令がある程度影響したのではないだろうか。この問題は新聞でも広く全国的に報じられ、社会の耳目を集めた事件だったから、それが予算案の承認を後押しした可能性も大いに考えられる。その意味では、小唄映画の問題は映画検閲の全国化とも深く関係していたといえるだろう。

小唄映画のその後

では、小唄映画はその後どうなっていったのだろうか。歌が最大の売り物である小唄映画から歌を除いてしまうとその魅力が大きく減退してしまうため、小唄映画自体の存続が危なくなることが予測される。

そこで、まず禁止令以降の小唄映画の上映状況を調べてみると、『籠の鳥』『籠の鳥続編』『小唄集』『恋慕小唄』『関の五本松』といった小唄映画自体は、次のように、その後も各都市で相変わらず上映していたことがわかった。

・函館　『籠の鳥続編』　宝来館　十一月二十二日—
・弘前　『小唄集』　大和館　十二月三十日—
・仙台　『恋慕小唄』　仙集館　十一月十二日—
　　　　『関の五本松』　松島座　十一月二十一日—
　　　　『城ヶ島の唄』『水藻の花』　松島座　十二月五日—
・秋田　『恋慕小唄』　秋田劇場　十一月二十一日—
・金沢　『小唄集』　松竹座　十一月十四日—
　　　　『籠の鳥続編』　帝国座　十一月二十五日—
・桐生　『籠の鳥』　キネマ館　十一月二十三日—
・名古屋　『関の五本松』　千歳劇場　十一月十二日—　太陽館　十二月二十六日—
　　　　『小唄集』　太陽館　十二月三十日—
・神戸　『関の五本松』　菊水館　十一月十二日—
・福岡　『籠の鳥』　博多座　十一月十三日—

歌が禁止されたとはいえ、小唄映画自体の上映は問題がなかったために、禁止令以降も小唄映画は従来どおり上映されていた。ただ、ここで注目したいのは歌の扱い方である。禁止令どおりに実際に小唄部分はカットされ、歌はまったく歌われなくなったのだろうか。各都市の映画館広告を調べていくと、どうもそうではないようなケースが目につく。

例えば「福岡日日新聞」の博多座の広告には、『流行小唄入哀話籠の鳥』として「流行小唄入」を強調している。十一月十三日と十四日の広告だから小唄禁止令のあとで、小唄部分は切り取られていなければならないはずだが、「流行小唄入」をことさらに強調しているということは、あるいはそのまま上映したのではないだろうか。

また、秋田の秋田劇場では『恋慕小唄』の上映に際して、「酒井、宮部、水島、小泉、若葉、市川等主演のものでこの人々の吹き込んだ小唄レコードを使用する由[24]」と報じている。独唱歌手が歌うことは禁じられていたが、レコードの使用については特に規制されていなかったことから、小唄レコードの使用で代替したのだろう。

さらに注目されるのは仙台の松島座のケースである。ここでは、十二月五日から『小唄悲話城ヶ島の唄』と『水郷哀話水藻の花』を上映しているが、広告には「雨はふるふる城ヶ島の磯に利休ねずみの雨が降る」「処定めず流れてゐても何時か水藻にゃ花が咲く」といった小唄の歌詞を大きく書いて、さらに白抜きで「声楽界の明星松下京子嬢特別出演[25]」とうたっている（図13）。明らかに松下京子という声楽家が歌っていたことがわかる。小唄禁止令はどこでも厳密に守られていたわけ

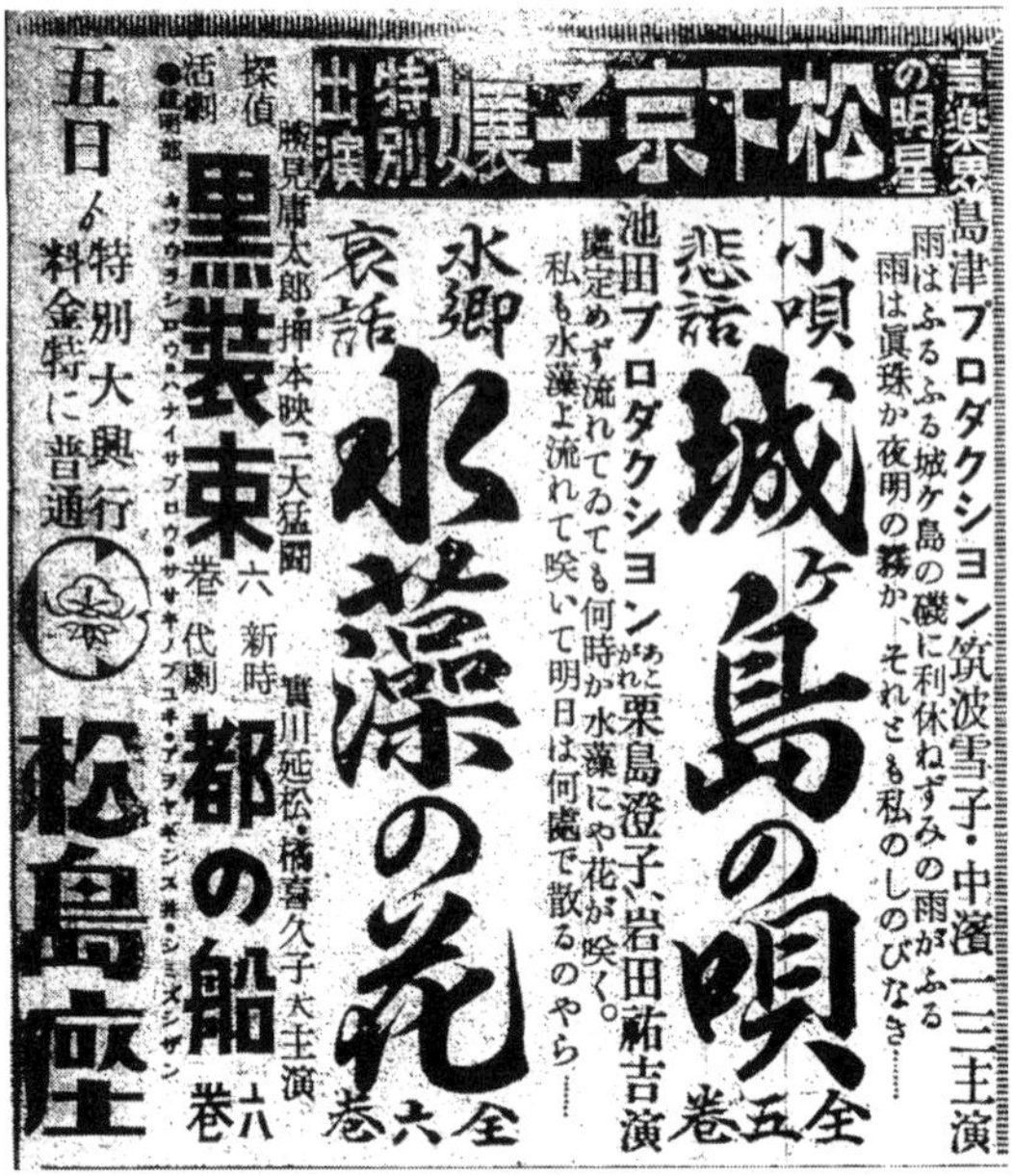

図13　松島座広告
（出典：「河北新報」1924年12月5日付、国立国会図書館所蔵）

ではなかったようだ。

しかし、このような事例はあくまでも例外的なケースにとどまり、全般的には小唄映画から歌の部分は削除されたものと思われる。そして、歌という魅力を失った小唄映画は徐々にそのブームが下火になっていくことになるが、それでも、一九二五年（大正十四年）以降も『水郷の唄』（監督：松本英一、配給：帝国キネマ、一九二五年）や『ヴェニスの船唄』（監督：大久保忠素、配給：松竹、一九二六年）といった小唄映画が作られ続け、その後の『東京行進曲』（監督：溝口健二、配給：日活、一九二九年）をはじめとする主題歌映画へとつながっていく。(26)

そして、『東京行進曲』の上映に際しては、歌手による歌の実演あるいはオーケストラやレコードによる演奏がおこなわれていることから、(27)流行小唄禁止令はその後、継続的に適用されたわけではなく、大正末期の一時的な措置として終わったようである。

合唱する観客への恐れ

以上、小唄禁止令とその実施状況やその後の経過などについてみてきたが、ここである疑問が浮かんでくる。なぜここまで厳しく映画館内で歌う行為を禁止する必要があったのかということだ。それに対する答えとして、先に流行小唄に対する社会的批判の高まりをあげた。そして、禁止の理由も、歌が頽廃的かつ亡国的であり、児童教育や社会風教上から民衆の気風を腐敗させるからということだった。

しかし、ここで改めて注目したいのは、小唄禁止令の最大の眼目が映画館内での観客の「合唱」行為の禁止にあった点である。禁止令を報じる記事の該当部分を再度引用してみよう。

> 同フヰルムは其の流行歌の場面が現れるとオーケストラーにつれて唄ひ女が其の流行歌を唄ふので従つて観客が声をそろへて丁度浅草公園の安来節の様に大騒ぎを演ずる様な傾向を示して来たので警視庁保安部に於ては風紀上面白くないと云ふので此れからは流行歌をフ井ルムに現す事は断然許さない方針に出る事となつた同時に唄ひ女の出演も禁じたので、従来のストトン〳〵、関の小松、鈴蘭の唄、籠の鳥等の小唄集のフヰルムの音譜は全部切取られる事となつた[28]

この部分を注意深く読むとき、禁止令の最大の眼目となっているのが「観客が声をそろへて」合唱することへの恐れであることがわかる。観客が合唱して大騒ぎするのが風紀上面白くないということで、歌手が歌うことを禁止してフィルムから音譜を切り取るという手段に出ている。仮に歌手が歌うだけで、観客が合唱するという事態が生じていなかったら、小唄の禁止令が発動されることはなかったのではないかと思われる。

では、なぜ警視庁は観客が合唱する行為をそれほどまでに恐れる必要があったのだろうか。この問題を考える際にそのヒントとなるのは、先に紹介した地方紙で報じていた小唄禁止令中の「今後は革命歌と同様絶対に禁止することに決定し」という部分である。再度引用してみよう。

社会風教を害する俗悪な小唄を禁止
先づ警視庁が厳しい法度　革命歌同様に取締る
「俺は河原の枯れすゝき」の小唄が流行してから斯うした頽廃的な小唄が非常な勢ひで流行し近頃ではスットン〳〵節や籠の鳥さては関の五本松が人々の間に口ずさまれて居り中産階級以上の家庭にまで入込んで活動写真に斯うした小唄が映写されるとオーケストラに連れて観衆は合唱すると云ふやうな有様で其流行は実に驚くべき程で三歳の児童すら唄ふやうな状況に警視庁では漸く注意することゝなりそうした亡国的の歌は児童教育上から或は社会風教上より見て民衆の気風を腐敗させるものであるから断然今後は取締ることゝなり内務省と協議の結果地方警察部に今後は革命歌と同様絶対に禁止することに決定し八日右の通牒を全国に発した（東京）[29]

この禁止令では、流行小唄と革命歌をいわば同等のものとしてとらえている。「社会風教を害する俗悪な小唄」は「民衆の気風を腐敗させる」危険性をもっているから、革命歌と同様に取り締まる必要があるという論理である。

流行小唄の合唱が禁止されたのは、どうやらこの革命歌が大きく関係しているようである。では、ここに登場する革命歌とはいったいどのようなものだろうか。

注

(1)「河北新報」一九二四年十一月九日付
(2)前掲『近代はやり唄集』二〇七ページ
(3)「神戸又新日報」一九二四年九月十九日付
(4)「山陽新報」一九二四年十一月十一日付
(5)南博／社会心理研究所編『大正文化』勁草書房、一九六五年、二三七ページ
(6)「秋田魁新報」一九二三年一月二十二日付
(7)童謡に関しては、周東美材『童謡の近代——メディアの変容と子ども文化』(〔岩波現代全書〕、岩波書店、二〇一五年)、井手口彰典『童謡の百年——なぜ「心のふるさと」になったのか』(〔筑摩選書〕、筑摩書房、二〇一八年)などを参照。
(8)遠藤早泉『現今少年読物の研究と批判』開発社、一九二二年、一八四—一八八ページ

(9)「大阪毎日新聞」一九二四年十月十四日付
(10)「大阪朝日新聞」一九二四年十月三十日付
(11)「京都日出新聞」一九二四年十一月九日付
(12)「読売新聞」一九二四年十一月九日付
(13)「東京朝日新聞」一九二四年十一月九日付夕刊
(14)「中外商業新報」一九二四年十一月九日付夕刊
(15)「都新聞」一九二四年十一月十四日付
(16)「函館毎日新聞」一九二四年十一月十四日付
(17)「下野新聞」一九二四年十一月十三日付
(18)「読売新聞」一九二四年十一月十日付
(19)「読売新聞」一九二四年十一月二十二日付
(20)「福岡日日新聞」一九二四年十一月十三日付
(21)「名古屋新聞」一九二四年十一月二十四日付夕刊
(22)映画検閲の歴史については、牧野守『日本映画検閲史』(パンドラ、二〇〇三年)を参照。
(23)「秋田魁新報」一九二四年十一月十八日付、「大阪朝日新聞」一九二四年十一月二十一日付
(24)「秋田魁新報」一九二四年十一月二十一日付
(25)「河北新報」一九二四年十二月五日付
(26)前掲「小唄映画に関する基礎調査」。なお、流行小唄禁止令のその後の展開については、詳しい研究もなされておらず、今後の研究に期待したいところである。ただ、倉田喜弘によれば、一九二六年に小唄映画『五月雨の頃』(監督:重宗務、配給:松竹)で歌われた「五月雨の唄」(作詞:佃千秋、

作曲：中山晋平）が警視庁保安部によって、「唄に復興気分がない」との理由で上映中の歌唱とプログラムへの楽譜の印刷が禁止されている（前掲『近代はやり唄集』二三一ページ）。ここでは個別的な禁止措置がとられていることから、全面的な規制自体は後退していたものと思われる。

(27) 西井弥生子「菊池寛 交錯する「東京行進曲」——映画小唄の牽引力」、「日本近代文学」編集委員会編「日本近代文学」第八十九集、日本近代文学会、二〇一三年、六四—七八ページ

(28)「読売新聞」一九二四年十一月九日付

(29)「京都日出新聞」一九二四年十一月九日付

第6章――メーデー歌を合唱する大衆の誕生

1――革命歌を歌う人々

革命歌とは

「革命歌」とは、ある特定の歌を指す場合と、社会主義運動の歌を総称して使う場合の二通りのケースがある。まず前者については、「革命の歌」のことを意味していて、一九〇八年（明治四十一年）一月の「日本平民新聞」第十五号に掲載されたものが初出である。十一節からなるその歌詞は次のようなものである。〇〇は伏せ字である。

革命の歌　　　　簗比地仲助

あゝ革命は近づけり。あゝ革命は近づけり。

起てよ、白屋襤褸《はくおくらんる》の子、醒めよ市井の貧窮児
見よ、我が自由の楽園を　蹂躪したるは何者ぞ。
見よ、我が正義の公道を　壊廃《くわいはい》したるは何奴《なにやつ》ぞ

圧制、横暴、迫害に、我等いつまで屈せんや。
わが脈々の熱血は、飽くまで自由を要求す。

（略）

あゝ起て、君よ、革命は、我等の前に近きぬ。
農夫は○○とつて起て、樵夫《しやうふ》は○○とつて起て。（○○は「鍬を」「斧を」）
鉱夫は○○とつて起て、工女は○○をとつて起て、（○○は「鶴嘴《つるはし》」「筬《をさ》」）
森も林も武装せよ、石よ何故《なにゆえ》飛ばざるか。

武装蜂起による革命を訴える、かなり過激な内容の歌詞である。歌詞を作ったのは当時社会主義運動に従事していた築比地仲助で、彼の回想によると、同新聞が募集した社会党歌に応募して採用された歌だった。ただ、この歌が掲載されたために、新聞のこの号は発禁処分を受けたという。(1) 新聞掲載時点では、まだ歌詞しか存在しなかった。

メロディーについては、再び築比地の回想によれば、同じ一九〇八年（明治四十一年）四月に栃木県佐野市で開かれた第二回両毛同志大会の際に、添田唖蟬坊が旧制第一高等学校寮歌の「嗚呼玉杯に花受けて」（作詞：矢野勘治、作曲：楠正一）の旋律に合わせて歌詞を編成替えして作った曲を、唖蟬坊の弟子の佐藤悟が実際に歌ってみせて、それをみんなで歌いだしたのが最初だったという。[2]その後、この「革命の歌」は全国的に広く歌われるようになっていった。

次に、「革命歌」が社会主義運動の歌全般を指す場合だが、明治から大正にかけて、社会主義運動の進展とともにさまざまな運動歌が誕生してくる。後述する「メーデーの歌」をはじめ「インターナショナル」（作詞：佐々木孝丸）、「赤旗の歌」（作詞：赤松克麿）などがよく知られているが、これらを総称して「革命歌」と呼ぶことも多かった。

小唄禁止令中に出てくる「革命歌」は前者の「革命の歌」を指しているものと思われる。というのも、前述したように、この「革命の歌」を掲載した「日本平民新聞」は発禁となり、以下にみるように、この歌を歌って逮捕された者が数多くいたためである。以下では、「革命歌」はこの「革命の歌」を指すものとする。

革命歌を高唱する人々

革命歌はその後、社会主義者たちが集会などを開く際にしばしば歌われるようになっていく。だがそれらは禁止された歌だったため、革命歌を歌って拘束されたというニュースがしばしば新聞で報じられている。一例をあげると、一九二〇年（大正九年）に、大杉栄以下八人が革命歌高唱のため拘留されている。

大杉栄氏等八名拘留　横浜の演説で
昨夜七時半より横浜吉田町一丁目貸席吉田亭に社会主義者荒木八蔵主催の社会問題研究会開かれ東京よりも多数同士応援に下浜し会者六十名余、開会後約二十分にして大杉栄の演説始まるや直に伊勢崎町署高橋刑事の為め解散を命ぜられ一同神妙に戸外に立ち出でしが一斉に例の革命歌を高唱せし為大杉以下八名は同署に拘引され拘留処分を受けたり（横浜電話）(3)

この場合、革命歌は集会の解散命令に対するレジスタンスとして歌われている。禁止された歌を一斉に歌うという行為が、社会主義者たちの自己主張の重要な一手段になっていた。

そして、このような歌による政治的主張という方法は、社会主義の指導者から一般の労働者にも広まっていた。例えば一九二一年（大正十年）に足尾銅山でストライキが起きた際には、坑夫たちによって革命歌が広まり、子どもまで歌っていたという。

一昨年罷業の際は例の桝本反対の労働歌を合唱して気勢を挙げたものだが今度は主義者仲間の唄ふ「革命歌」で練り歩いて居る、何でも急先鋒になつて居る若い坑夫連が全然彼等のみの自由の天地とされて居る坑内で大いに流行らしたものださうだ、今では四つ五つの土地の鼻つ垂らし迄が片言混りで唄つて居る。(4)

ここで、革命歌はいまや坑夫たち自身の歌になり、さらにその地域一帯の人々にまで広まりつつあったことがわかる。なお、記事中に出てくる「桝本反対」とは、一九一九年（大正八年）の国際労働会議の労働者側代表として鳥羽造船所技師長の桝本夘平が選出されたことに対して、その選出方法をめぐって労働団体から激しい反対論が噴出したことを指している。

さて、ここで注意すべきは、革命歌は単なる氷山の一角にすぎなかったことである。大正デモクラシーと呼ばれる民衆運動の高まりとともに、社会主義者や労働者たちは革命歌以外にもさまざまな歌を歌うようになってきていた。この点について、矢沢保は「大正後半から昭和にかけては農民運動、青年運動、学生運動と戦線拡大につれて、各分野で歌がさかんに生まれ、まさに戦前の労働歌・革命歌の黄金時代を思わせる」(5)と指摘している。

なかでも、最も大規模な人数を動員して政府の脅威となり、労働者の団結の象徴になっていったのは「メーデーの歌」だった。それは一九二一年（大正十年）の第二回メーデーから登場してくる。

2――メーデー歌は警察の公認歌へ

「メーデーの歌」は全体合唱を禁止

日本で最初のメーデーは一九二〇年（大正九年）五月二日に開かれたが、このときはまだ「メーデーの歌」は生まれていなかった。この年は東京だけの開催で、会場の上野公園に五千人が参加した。新聞の見出しには、「暗雲風を捲《ま》く上野に振《ふる》へる最初の労働祭」となっているように「労働祭」という語が使われていた。文中にも「メーデー」はルビ付きで「労働祭《メーデー》」と使われているだけであり、メーデーという語自体もまだ一般化していなかったようである。(6)

また、うたごえ運動などで知られる矢沢保によれば、この第一回メーデーの際には、全員で歌を歌うことはまだおこなわれておらず、小グループで「革命歌」を歌う程度だったという。(7) 新聞報道にも歌に関することは一切登場しないことからも、歌の合唱は目立ってはおこなわれていなかったようだ。

メーデー歌が登場するのは、第二回メーデーの一九二一年（大正十年）からである。この年は東京だけでなく大阪、神戸をはじめ各地で開催され、参加人数も増えていった（図14）。このメーデーには二つのメーデー歌が登場した。「労働祭の歌」（作詞：赤松克麿、旧制一高寮歌「アムール川の流血や」の譜）と「メーデーの歌」（作詞：下中弥三郎、旧制一高寮歌「嗚呼玉杯に花受けて」の譜）がそれである。これに「革命歌」も加わって、三つの歌が混然とするなかで歌われていた。(8) このうち、「メーデーの歌」は新聞でも報じていて、会場となった芝浦から上野に向けて行進に出発したところで歌われている。

> 「示威行進だ〱」の叫びと共に標語を書きなぐつた大旗三旒に「メーデーを祝す」の旗が真先に押立てられ続いて正信会、信友会の一隊が先頭を切つて繰出した（略）「あゝメーデーよ

図14：第2回（1921年）メーデーの示威行進
（出典：「東京朝日新聞」1921年5月2日付）

く地球をあげて共通のプロレタリヤの祝祭よ……労働勝利の鬨の声……」警視庁認可とあるメーデーの歌が濃霧の様な黄色い塵の中から吐切れ〳〵に叫び出される、物陰から正服警官隊が駆け足で続々出て来る、宇田川停留場附近迄来ると何うにか列も整頓し警官隊もヤット列の両側に列を作る。[9]

記事中にも「警視庁認可」とあるように、メーデーで歌う歌については事前に警視庁に届け出て許可を得る必要があった。さらに、矢沢保によれば、許可を得た歌でも、「全体が一斉に合唱することを禁止して、合唱はかならずかわるがわるしなければならないという制限」が付けられていたという。[10]このことから明らかなように、警視庁が恐れていたのは歌そのものよりも、むしろ人々が声を合わせて一斉に歌うという合唱行為そのものだった。大勢の労働者が一斉に合唱すること、そのこと自体を大きな脅威としてとらえていたのである。

なお、第二回の「メーデーの歌」は下中彌三郎の作として伝わるもので、

ああメーデーよメーデーよ　飢餓窮乏の恐怖なき
自治労働の新社会　建設すべき吾々の
志気を天下に示すべき　一年一度の祝祭よ[11]

で始まり、記事中に引用された歌詞で終わる。ただ、この歌はその後はあまり歌われなくなっていったようだ。

「聞け万国の労働者」は大震災の前年に登場

続く一九二二年（大正十一年）、大震災の前年の第三回メーデーで、その後最もよく知られるようになるメーデー歌が登場する。「聞け万国の労働者 轟きわたるメーデーの 示威者に起る足どりと未来を告ぐる鬨《とき》の声」で始まる歌である。

この歌は第三回メーデーの準備会のなかで、行進中に歌える歌を作ろうということで企画されたものである。メロディーは旧制一高の寮歌「アムール川の流血や」を使い、歌詞は組合員から募集したところ、当時鉄工所の工員だった大場勇のものが選ばれた。大場の回想によれば、ドイツの表現派の画家が描いた労働者の大行進の絵を思い浮かべて作ったという。そして、警視庁に提出したところ、不穏当な字句を訂正されたうえで許可され、各組合で練習したうえでメーデー当日に歌われた。[12] ただ、当時の新聞を調べたところ、東京や大阪では歌に関する報道はなく、初年度はあまり歌われなかったようだ。

続く大震災の年の一九二三年（大正十二年）のメーデーから「聞け万国の労働者」が各地で盛んに歌われるようになる。大阪では、「此の日の示威歌はデカンショ、メーデーの歌、労働歌の三つと指定されたがそれを守つたのも公園内だけ街筋に出てからは革命歌を高唱した」[13] という。このように、大阪では「メーデーの歌」をはじめとする三つの歌だけが許可されて、革命歌は禁止されている。

また、横浜では「当日警察署の取締方針は旗は六尺以内白地を用ふる事、メーデー歌は「聞け万国の労働者」を歌ふことなど其他行列に対しても制限されて居る」とあり、大場作詞の「メーデー歌」だけが許可されている。[14] おそらく大阪で許可された「メーデーの歌」も大場作詞のものだったと思われる。

唯一の警察公認歌に

横浜の例にみるように、一九二二年(大正十一年)に初めて登場した大場作詞のメーデー歌「聞け万国の労働者」は、翌年から唯一警察によって許可されたメーデー歌になったのである。この点については、大場も回想のなかで、この歌が「官許で何時何処ででも歌つて差支えなかつた」唯一の歌だったと次のように述べている。

それから、このメーデー歌にはもう一つの特殊な性格がある。それは、恐らく明治から昭和二十年の太平洋戦争敗戦までのながい社会運動史(勿論労働運動も農民運動も水平運動も入る)のなかで、官許で何時何処ででも歌って差支えなかった歌は、実はこの歌だけではなかったかと思う。歌詞に警視庁が手を加えたことも異例なら、「永き搾取に悩みたる　無産の民よ蹶起せよ」といった類の歌声が、昭和ファシズムの暴れ狂うなかでも白昼堂々と歌えたということもまた異例だった。

革命歌や赤旗の歌はもとより「貪らんあくなき資本家の　魔の手は永く労働の　成果を奪い貪ぼりて　根幹堅き資本主義」のような労働歌さえ、その一節を歌ってさえ検束された時代に、この歌だけが何処でも歌って差支えなかった労働歌だったので、メーデーの時ばかりでなく、ほかの集会でも争議の時でもよく歌われた(15)。

なぜこの歌だけが警察の公認歌になっていったのか、その理由はよくわからないが、ここで、その歌詞の全文をみてみよう。「無産の民よ蹶起せよ」「起て労働者」といった語句も含まれているが、武装蜂起による革命を直接連想させる革命歌よりは比較的穏当とみなされたためかもしれない。

メーデーの歌

一
聞け万国の労働者　轟きわたるメーデーの
示威者に起る足どりと　未来を告ぐる鬨きの声

二
汝の部署を放棄せよ　汝の価値に目醒むべし
全一日の休業は　社会の虚偽を打つものぞ

三
永き搾取に悩みたる　無産の民よ蹶起《けっき》せよ
今や二十四時間の　階級戦は来りけり

四

起て労働者奮い起て　奪い去られし生産を
正義の手もて取り返せ　彼等の力なにものぞ
五
吾等が歩武の先頭に　掲げられたる自由旗を
守れメーデー労働者　守れメーデー労働者⒃

警察の公認を得て、「聞け万国の労働者」は大震災の翌年のメーデー以降盛んに歌われるようになり、メーデーのテーマソングになっていく。新聞報道にも「「聞け万国の労働者！」山王台を中心に都下全労働組合員の唇を迸《ほとばし》る此の物凄い大合唱に、第五回メーデーのひぶたは切つて落された⒄」とあるように、メーデーはいまやこの歌の大合唱とともに始まるようになった。

こうして、大震災の時期から、毎年のメーデーには、「聞け万国の労働者」を大合唱する何万人という労働者の群衆が各都市で可視化されて登場するようになってきた。ただ、メーデーは年一回のイベントである。それがどれほど盛り上がっても、労働祭という年一回のお祭りで終わってしまい、メーデー歌もそのときに歌われるだけである。

しかし、大正半ば以降の労働運動や社会運動の高まりとともに、歌を合唱することによって政治的主張をする人々は社会生活のさまざまな場面で急速に増大してきていた。そのなかで、当時最も国民の関心が高く、大きな社会運動に発展していたのが普選運動だった。そして、そこから生まれてきた「普選歌」も人々に大いに歌われた。

3——政治的武器としての合唱の発見

交響楽のような普選歌の大合唱

普通選挙を要求する普選運動は明治からおこなわれ、普選法案も再三にわたって国会に提出されてきたが、いずれも承認されるには至らなかった。

しかし、一九一八年（大正七年）の米騒動以降に進展した大正デモクラシーの高まりとともに、普選運動も再び活発化し、普選を求めるデモや集会が盛んに開かれるようになっていった。そして、この普選運動で歌われたのが普選歌である。普選歌はいくつか作られたが、最もよく知られているのは「敵は幾万」（作詞：山田美妙、作曲：小山作之助）の節で歌われる「普通選挙の歌」で、次のようなものである。

普通選挙の歌

一　聞かずや君よ民衆の　闇に嘆けるその声を
金権世界を圧倒し　正義人道地を払い
貧しきものに自由なく　民は悲しく影うすし

（折返）金もて自由を縛らざる　公義の天地みんために
　我は叫ばん平等の　選挙の権利あたえよと
　　選挙の自由あたえよと

二　君よ教えよ三円の　貨幣に自由の差違あるか
　自由に金の多寡あるか　正義は黄金に劣れるか
　金は人より勝れるか　自由をなみする国立つか[18]

この歌は一九二〇年（大正九年）に作られたもので、賀川豊彦の作といわれている。[19]また、二三年に名古屋で開かれた東海普選断行連盟による民衆大演説会では、「道は六百八十里」（作詞：石黒行平、作曲：三善和気）の節で次のような普選の歌が歌われている。

　　普選の歌
時こそ来れ民衆の　長きのぞみの平等と
自由の国を打ちたつる　普通選挙は近づけり
見よひんがしの空高く　ひかりに充てる海の国
世界の波をうごかして　普通選挙は近づけり[20]

もうひとつ、学生たちの間から生まれてきた「普選の歌」も残っている。この歌は一九一九年（大正八年）に東京で開かれた学生たちの普選要求大会のなかで生まれたものだという。「デカンショ節」の替え歌として歌われたもので、「労働神聖と　口では賞めて　ヨイヨイ　オラに選挙権ナゼ呉れぬ　ヨオイヨオイ　デモクラシー」[21]といった親しみやすい内容の歌詞である。

普選運動の大会などでは、こうした普選歌を全員で合唱するのが常となっていた。例えば一九二二年（大正十一年）二月五日に開催された東京の普選市民大会では、開会前から普選歌の大合唱が起き、まるで「交響楽の如く」轟いたという。

万国旗の周囲には参加八十一団体の団旗が翻る、三箇所の演壇には開会一時間も前から早や民衆が群り集り、続いて起る音楽隊の音に応じて民衆の中からは期せずして普選歌が起つた（略）会場に続く普選歌は国民要望の交響楽の如く開会の期を促す（略）普選歌の合唱は容易に止みさうもなかつたが箕浦勝人翁が座長に推されてあの赤い顔を現すに及んで漸く鳴りは沈まつた。[22]

大群衆が一斉に歌を合唱して政治的主張を表現するこのような光景が、大正後期にはメーデー以外にも都市内のいたるところで普通にみられるようになってきていたのである。〈歌う大衆〉の登場、それは歌と社会運動と大衆の三者が見事に結び付いた大正後期に初めて出現したまったく新しい政治の光景だった。

そして、このような「歌う大衆」の登場は政治に強い影響力を発揮し、翌一九二五年（大正十四年）には治安維持法と抱き合わせではあったが、普通選挙法が成立する。納税要件を撤廃して二十五歳以上の男子に選挙権を付与する普選法の公布によって、有権者人口は二四年の三百三十万人から二八年（昭和三年）には一挙に千二百六十万人に拡大した。九百万人の新しい有権者の誕生という、政治世界の一大変革が生み出されたことになる。[23]

さらに、労働者たちはこのような街頭活動だけでなく、労働争議などの場面でも、歌の合唱を、政治家や資本家に対抗する重要な武器として盛んに活用した。

労働争議で「船頭小唄」の替え歌

当時の労働者たちの労働環境はきわめて劣悪なものであり、彼らは自らの労働環境への不満を独自の歌として表現することを早くからおこなってきていた。例えば女工たちが「デカンショ節」のメロディーで歌った「女工小唄」には、工場での厳しい労務管理と寄宿舎に閉じ込められた「籠の鳥」の境遇への激しい不満が表明されている。

女工小唄

一　寄宿流れて　工場が焼けて　門番コレラで　死ねばよい
二　工場は地獄よ　主任が鬼で　廻る運転　火の車

三　籠の鳥より監獄よりも　寄宿ずまいは　なおつらい
四　糸はきれ役　わしゃつなぎ役　そばの部長さん　にらみ役
（略）
八　此処をぬけ出す　翼がほしや　せめて向うの　陸までも(24)

さらに注目されるのは、労働者が日頃親しんでいた流行小唄を、替え歌を作ることによって政治批判の歌へと転用することを盛んにおこなっていたことである。例えば「船頭小唄」は次のような替え歌となって歌われたが、一九二四年（大正十三年）五月に内務省警保局によって禁止処分にされたという。

枯すすき

一　俺は果敢《はか》ない革命児　同じお前も革命児
どうせ俺らは銃剣の　錆と消えゆく革命児
二　俺もお前も小夜更けて　浴びる冷水何変ろう
俺はこれから留置場で　鞭の下にて暮すのよ
三　コンミニストに照り注ぐ　九月三日の朧ろ月
俺は亀戸警察で　今宵限りと暮そうよ(25)

また、のちの例だが、一九二七年（昭和二年）の長野県岡谷市の製糸労働争議では、次のような替え歌が労働者に歌われていた。

労働者の歌（枯すゝきの節）

製糸労働組合本部作歌

一　俺は天下の労働者　おなじお前も労働者
どうせ二人は資本家の　お気に召さない労働者
二　俺は非道の紡績で　お前は涙の林組
朝の五時から暮れる迄　こき使われる労働者
三　労働者だとてねえお前　この安月給ぢや暮せない
栄養不良と寝不足で　肺は虫ばみ目はくらむ(26)

ストライキで「ストトン節」を高唱する女工たち

「船頭小唄」とともに「ストトン節」も、労働争議などで替え歌によって盛んに歌われていた。一九二六年（大正十五年）、当時は東京市外だった上落合の製薬工場のある職工は、工場主を罵倒するビラを配布したかどで逮捕された。そのビラには「ストトン〳〵と働かせ仕事ある時は絞り取り仕事なくなりや首を馘るこれぢや労働者もやり切れぬストトン」といった「ストトン節」の替え歌が書かれていた。(27)

女工たちも「ストトン節」を歌ってストライキに突入した。一九二四年（大正十三年）に滋賀県の絹織物会社ではそれまでの日給制度を請負制度に改悪しようとしたため、女工数百人が団結してストライキに入ろうとしたが、その際に「ストトン節」を高唱して気分を盛り上げたという。[28]

のちの例だが、一九三〇年（昭和五年）に歌われた「ストトン節」の替え歌は次のようなものである。

ストトン節

一　ストトン〳〵としぼられて　ヤンキー資本家腹肥し
　　働く職工は骨と皮　これじゃ立たずにゃいられァせぬ　ストトン〳〵

二　ストトン〳〵と持ち込んだ　要求事項におどろいて
　　ヤンキー資本家目を回す

三　ストトン〳〵と腕を組み　ヤンキー資本家けちらかし
　　いやな官×へでとばせ　吾らが正義の旗なびく　ストトン〳〵[29]

自ら女工生活を体験した賀川はる子の自伝によれば、女工たちは工場の仕事のかたわら歌を歌うことが多く、一人が歌いだすとみんなでそれに合わせて歌うということが一般的におこなわれていたという。[30]このような方法で、女工たちはそのときどきの流行歌をすぐさま覚えてしまい、さらにそれを、資本家に対抗する団結の歌として転用したのだった。

4——歌う大衆の誕生と合唱統制

警視庁による流行小唄禁止令の背景を探ってきて、私たちは「合唱する大衆」の誕生にたどり着いた。

大正後期という時代の最も大きな特徴として、「大衆」の登場をあげることができる。それまで政治の世界から疎外されてきた諸階層からなる大衆が、大正後期に政治の新たな主体や社会運動の担い手として、一斉に歴史の前面に躍り出てくる動きである。

その際に、大衆は歌うことが社会的に大きな力をもつことを発見した。歌うこと、多人数によって合唱することは、労働運動や社会主義運動に関わる人々にとって、連帯と闘争のための大きな武器になりうることを知ったのである。

何千人という群集が街頭を合唱しながらデモ行進していく、このような光景が日本の歴史上初めて出現してきた時代、それが大正時代である。

しかし、合唱という武器を持ち始めた大衆は権力の側にとっては大いに警戒すべき存在になってきたため、合唱の統制に乗り出すことになった。「革命歌」の禁止や「メーデー歌」の認可制がそれである。

そして、この合唱の統制がついには映画館内での観客による流行小唄の合唱にまで飛び火した結果が、警視庁による小唄禁止令だったといえるだろう。そこには、歌そのものよりも、むしろ人々が合唱すること自体への恐れと警戒が色濃くにじんでいる。流行小唄の合唱禁止令は、大正後期になって新しく登場してきた合唱行為というものが、権力の側にとってそれだけ大きな脅威となりつつあったことを雄弁に物語るものである。

しかし、このような動きはもはや止められるものではなく、こうして登場してきた「歌う大衆」は昭和以降により一層の成長を遂げていく。そして、労働者をはじめ、誰もが自らの歌を歌うようになる。一九二九年（昭和四年）の新聞には「歌う大衆」の登場について次のように書かれている。

民衆は歌ふ

工場も音楽を持つ。学校も、労働組合も、軍隊までも、更らに街の辻、辻からの小唄のメロディは国境を越えて四方に放射される。或るものはデモンストレーションの為めに、或るものは革なる指命のために、哀愁のために、心のときめきの為めに、衆団の意力のために。小説さえも歌を持つ。映画も亦、何々の唄、何々行進曲と。(31)

こうして、大正という時代を通じて、デモのために、革命のために、哀愁のために、心のときめきのために、集団のために、革命歌から流行小唄までさまざまな歌をさまざまな目的のために、「歌う大衆」が誕生してきたのである。

注

(1) 簗比地仲助「平民社回想録 第一回(革命歌の作者として)」、労働運動史研究会編「労働運動史研究」第十五号、労働旬報社、一九五九年。なお、伏せ字部分の文字については、糸屋寿雄『流行歌』(〔三一新書〕、三一書房、一九五七年)一六〇—一六一ページによる。
(2) 前掲「平民社回想録」
(3) 「東京朝日新聞」一九二〇年九月九日付
(4) 「東京朝日新聞」一九二一年四月十八日付夕刊
(5) 西尾治郎平/矢沢保編『日本の革命歌』一声社、一九七四年、二六六ページ
(6) 「東京朝日新聞」一九二〇年五月三日付
(7) 前掲『日本の革命歌』二七一ページ
(8) 同書二七二ページ
(9) 「東京朝日新聞」一九二一年五月二日付
(10) 前掲『日本の革命歌』二七二ページ
(11) 同書七一ページ
(12) 同書一九八—二〇三ページ
(13) 「大阪朝日新聞」一九二三年五月二日付夕刊
(14) 「東京朝日新聞」一九二三年五月一日付夕刊
(15) 前掲『日本の革命歌』二〇〇—二〇一ページ
(16) 同書七二ページ

(17)「東京朝日新聞」一九二四年五月二日付夕刊
(18) 前掲『日本の革命歌』一八〇ページ
(19) 同書一八〇ページ
(20)「名古屋新聞」一九二三年二月十日付
(21) 前掲『流行歌』一五〇ページ
(22)「東京朝日新聞」一九二二年二月六日付夕刊
(23) 杣正夫『日本選挙制度史——普通選挙法から公職選挙法まで』九州大学出版会、一九八六年、八七ページ
(24) 前掲『日本の革命歌』八六ページ
(25) 同書三〇ページ
(26) 堀江三五郎編『岡谷製糸労働争議の真相』信濃毎日新聞社、一九二七年、二一五ページ
(27)「読売新聞」一九二六年十月二十五日付夕刊
(28)「中外商業新報」一九二四年十一月二十二日付
(29) 前掲『日本の革命歌』八二ページ
(30) 賀川はる子『女中奉公と女工生活』福永書店、一九二三年、八七ページ
(31)「読売新聞」一九二九年六月二十三日付

終章——その後の展開

こうして誕生してきた「歌う大衆」はその後、昭和以降の展開のなかで、例えば戦時中の国民皆唱運動や戦後のうたごえ運動などにみられるように、さまざまな方向へ発展していくことになる。それについてはすでに多くの研究がなされているので、詳細はそちらに譲ることにして、ここでは「船頭小唄」と「籠の鳥」のその後の展開について簡単にみておきたい。

1——「森繁節」から「昭和枯れすゝき」へ

懐メロの定番として

大震災の前後に盛んに歌われ、警視庁から小唄禁止令が出されるほどに流行した「船頭小唄」と「籠の鳥」だったが、新しい流行歌が次々と生まれて消えていく昭和以降の社会のなかでは歌謡界の第一線から退いて、いわゆる「懐メロ」として歌われていくことになる。酒が入って酔いが回ってくると、年輩のおじさんたちが「船頭小唄」をうなるシーンが酒の席ではおなじみの光景になってくる。また、亡くなった父や母がこの歌をいつも口ずさんでいたという思い出を子の世代が懐かしく回想するケースも少なくない。

一九五〇年（昭和二十五年）のある雑誌で、「明治大正昭和思い出の流行歌謡絵巻」と題して、挿絵入りで懐メロを特集している。十三曲取り上げているが、その曲名は次のようなものである。

・「東雲節」（ストライキ節）（作詞・作曲者不詳）
・「間がいゝソング」（作詞：竹石夢村、外国曲）
・「カチューシャの唄」（作詞：島村抱月、相馬御風、作曲：中山晋平）
・「船頭小唄」（作詞：野口雨情、作曲：中山晋平）
・「籠の鳥」（作詞：千野かおる、作曲：鳥取春陽）
・「東京行進曲」（作詞：西條八十、作曲：中山晋平）
・「島の娘」（作詞：長田幹彦、作曲：佐々木俊一）
・「君恋し」（作詞：時雨音羽、作曲：佐々紅華）
・「女給の唄」（作詞：西條八十、作曲：塩尻精八）
・「二人は若い」（作詞：サトウ・ハチロー、作曲：古賀政男）
・「旅の夜風」（作詞：西條八十、作曲：万城目正）

・「リンゴの歌」（作詞：サトウ・ハチロー、作曲：万城目正）
・「あゝそれなのに」（作詞：星野貞志、作曲：古賀政男）[1]

敗戦後の日本人にとって、代表的な「思い出の流行歌」はこのようなものだった。大正期を代表する流行歌としては、「カチューシャの唄」とともに「船頭小唄」と「籠の鳥」をあげている。歌ができてから約三十年近い年月が流れているにもかかわらず、「船頭小唄」と「籠の鳥」は人々に長く愛唱されてきたことがわかる。

「森繁節」と「船頭小唄」のリバイバル

その後、一九五七年（昭和三十二年）には「船頭小唄」は森繁久弥によって新たにレコーディングされ、リバイバルヒットになる。きっかけは、森繁主演による映画『雨情』（監督：久松静児）の公開だった。この映画は森繁の希望で製作が始まったもので[2]、東宝系で封切られている。

映画のストーリーは、郷里の茨城県磯原で富豪の娘しづ（木暮実千代）と意に沿わない結婚をした雨情（森繁）が、唯一心を許した芸者の加代（草笛光子）を探して放浪の旅に出て、北海道で石川啄木と知り合ったり、大島や潮来といった各地を放浪したりする。結局加代とは再会するものの、彼女はすでに他人の世話になっていたために郷里に帰るが、そこでも受け入れられず、再び放浪の旅に出るといった内容である[3]（図15）。

この映画の大きな特徴は、物語の展開とともに「船頭小唄」をはじめ雨情の童謡や小唄が十曲ほ

北海道の大雪山にキヤメラ
をすえて久松監督張切る

図15　映画『雨情』
（出典：「映画情報」1957年3月号、国際情報社、国立国会図書館所蔵）

ど流れる点である。特に森繁が歌う「船頭小唄」は印象的だったようで、映画評でも、「彼が歌う「枯すすき」など、不思議に魅力がある。自分だけが酔ったような歌い方で、聞いていて、如何にも楽しそうだ[4]」と評している。いわゆる「森繁節」と呼ばれる歌い方である。

そして、この映画がきっかけになり、森繁はコロムビアから新たに「船頭小唄」をレコーディングして発売した。このとき「船頭小唄」の著作権はビクターレコードがもっていたが、コロムビアがビクターに借用を申し入れて許可されたものだという[5]。

なお、中山晋平は「船頭小唄」が大震災の天譴論と結び付けて非難されたことから、一九五二年（昭和二十七年）に亡くなるまで「船頭小唄」の吹き込みを一切許可しなかったという[6]。彼の死後、最初に実現したのが森繁のレコーディングだった。

翌一九五八年（昭和三十三年）には、ビクターからも「船頭小唄」を含む『カチューシャから有楽町まで』と題する五枚組みのLPレコードが発売され、十日間で五万枚を売り上げ懐メロブームを巻き起こしている。[7]

森繁によるレコーディングは「船頭小唄」に新しい息吹を吹き込み、森繁節はその後多くのファンを獲得していく。作家の源氏鶏太もその一人で、「数年前、藤本プロの新年宴会があったとき、森繁さんが、「枯れすすき」を、独特の調子で唄ったのである。いいな、と思った。以来、その唄い方を、ひそかに真似て、今日に至っているのである[8]」と森繁節をまねて歌っていたことを吐露している。

その後も、一九六二年（昭和三十七年）にはテイチクから石原裕次郎が吹き込んだ「船頭小唄」のレコードが発売されている。

「昭和枯れすゝき」

「船頭小唄」は別名「枯れすゝき」と呼ばれていたが、これをある程度意識して作られたのが「昭和枯れすゝき」である。一九七四年（昭和四十九年）七月に、「昭和枯れすゝき」（作詞：山田孝雄、作曲：むつひろし）をさくらと一郎が歌いポリドールから発売された。「貧しさに負けた　いえ世間に負けた」で始まる暗いタッチの歌である。

最初はあまり反響がなかったが、テレビドラマの『時間ですよ昭和元年』で使われてから人気が沸騰し、最終的に百五十万枚を売り上げ、一九七五年(昭和五十年)のオリコン一位となり、第八回全日本有線放送大賞を受賞した。

歌の大ヒットを追うように早速松竹によって映画が作られ、一九七五年(昭和五十年)に『昭和枯れすすき』として公開された。新藤兼人の脚本、野村芳太郎監督によるこの映画は、故郷の青森から上京してきた兄妹のうち、兄の原田(高橋英樹)は新宿警察署の刑事になるが、妹の典子(秋吉久美子)は洋裁学校をやめてチンピラの吉浦(下條アトム)と付き合うようになる。その後、吉浦が殺されたため、典子が犯人と疑われて逮捕されそうになるが、真犯人が捕まって嫌疑が晴れる。原田は刑事を辞職して、典子と新天地を求めて大阪へ旅立っていくといった内容である。(9)

歌の流行を追って映画が作られるという展開は、まさに大正期の「船頭小唄」と同じである。また、この歌のヒットを分析した記事によれば、レコードを買った客層は二十代後半から三十代の社会人で、不況感が強まってから売れだしたという。(10) 社会が不景気に落ち込んでいく時期に流行したという点も、大正と共通しているようである。

2——「籠の鳥」の著作権をめぐって

「籠の鳥」と地元

他方、「籠の鳥」と鳥取春陽に関しては、リバイバルやその後の映画化といった話題は残っていない。ただ、出身地の岩手県新里村で生誕百年祭が二〇〇〇年に開かれ、記念の演奏会や演劇の開催、代表曲の新たなCDの製作などがおこなわれている。[11] なお、新里村はその後〇五年に宮古市と合併して、現在は宮古市の一部となっている。

地元のニュースでひとつ気になるのは、「郷土の作曲家のメロディーに苦情「籠の鳥」の時報、十五日間で変更」[12]と題する記事である。それによれば、宮古市が無線スピーカーで午後五時の時報がわりに「籠の鳥」のメロディーを流したところ、苦情電話が相次ぐ事態になった。苦情の内容としては、「暗い」「やめて」「ほかに替えて」といったもので、多い日は十件以上になったため、やむなく「夕焼け小焼け」に変更したという。

このニュースは、ある意味で前述した大正期の「籠の鳥」への社会的非難を連想させるものだが、同時に、歌に対する人々の感覚が時代によって変化することを改めて感じさせられる。「船頭小唄」に比べると、「籠の鳥」のほうがまだ比較的軽快なメロディーだが、それさえも「暗い」という苦情にさらされるということは、長く愛されてきたこの歌も時代とともにさすがに古くなってきていることを意味しているのだろう。

「籠の鳥」の著作権

「籠の鳥」については、これまでも作者に関する異論が唱えられることがあった。第4章「「籠の鳥」の流行と小唄映画の大ブーム」で触れたように、「籠の鳥」の作者のうち、特に歌詞については広島の演歌師秋月四郎が作者だとする説も存在していた。しかし、上山敬三によれば、戦後に開かれた著作権資料協会による協議で次のように決定されたという。

作者は、昭和二十八年十一月に開かれた著作権資料協会主催の演歌著作権に関する話し合いで、作曲鳥取春陽、作詩は、一節から六節まで千野かほる、七節から十二節まで松本英一、十三節から十五節までは佃血秋、ということになった。この集まりは、上記協会事務局長、長野伝蔵氏が主宰し、私も傍聴した。(13)

協議の結果をみると、作曲は鳥取春陽で間違いないが、作詞は、初期の段階では歌詞は六番までで、この部分については演歌師の千野かおるの作として認められている。次いで、映画化の段階で七節以降の歌詞が追加され、この部分については、脚本の佃血秋と監督の松本英一の著作として認定されている。

「籠の鳥」の歌詞

こうして「籠の鳥」の著作権は確定したわけだが、歌詞については、六番までのものは比較的よく知られているのに対し、七番から十五番までは確定したものが残っていない。

まず六番までの歌詞については、第4章で一九二四年（大正十三年）の楽譜のものを紹介したが、ほかにも語句が微妙に異なるバージョンのものがかなりの数で存在する。ここでは一例として、後述する訴訟記録の資料として添付されたものを紹介しよう。

一　逢いたさ見たさに　怖さを忘れ　暗い夜道を　只ひとり
二　逢いに来たのに　なぜ出て逢わぬ　いつも呼ぶ声　忘れたか
三　いつも呼ぶ声　忘れはせぬが　出るに出られぬ　籠の鳥
四　籠の鳥でも　知恵ある鳥は　人目忍んで　逢いに来る
五　人目忍べば　世間の人に　怪しき乙女と　指さされる
六　指をさされちゃ　いやだよ私　それで私は　籠の鳥[14]

「僕の」→「いつも」、「出て来ない」→「出て逢わぬ」といった形で、語句や表記については若干の異同が存在するが、六番まではほぼこのような形で残っている。第4章で紹介した楽譜の歌詞とも内容はほぼ同一で、初期の歌詞の原型は六番までのこのようなものだったと思われる。

しかし、七番から十五番までについては、映画化の際に追加されたこともあって、正確なことはわかっていない。ただ、「名古屋新聞」の映画『籠の鳥』の広告に歌詞が八番まで掲載されていて、六番までは前記とほぼ同じで、七番以下は次のとおりである。

七　一目逢ねば其の日は淋し　二日逢ねば死ぬ程に
八　思ふて来たのになぜ其の様に　ためす心が逢ぬ気か[15]

このように、映画のなかで歌われた歌詞についても八番までしかわかっておらず、「籠の鳥」の歌詞の全貌については、現時点では確定しがたい状況である。なお、第4章で取り上げた「籠の鳥」の楽譜やレコードのなかには七番以降の歌詞が記録されているものもあるが、ここに紹介したものとは異なっていて、それぞれ独自に創作されたものと思われる。

「籠の鳥」訴訟の顛末

このように、「籠の鳥」の著作権については、作詞・作曲ともに一九五三年(昭和二十八年)の話し合いで決着ずみとされていたが、その後、七三年になって、「籠の鳥」の作者は自分であると主張して訴訟を起こす人物が現れた。和歌山市在住の赤沢大助である。和歌山地裁に提起された彼の訴えは「籠の鳥」を作詞・作曲し、さらに映画『籠の鳥の唄』の脚本を書いたのは自分であるとするものである。この訴訟は新聞や週刊誌でも大きく取り上げられ、話題になった。ここでは、判例をもとにその概要を紹介したい[16]。赤沢の主張は次のような内容である。

赤沢が「籠の鳥」を作ったのは一九二二年(大正十一年)五月で、この頃赤沢は北海道で劇場を経営するかたわら、赤沢キネマ団を組織して活動写真の巡業をおこなっていた。たまたま樺太を巡業した際に、ロシア人の娼婦たちが歌っていたのが「籠の鳥」である。

赤沢はこの歌の日本語の歌詞を作って巡業映画の幕間に歌わせたところ、人気が出て一九二三年(大正十二年)頃には北海道中で流行するようになった。そこで、彼はこの歌を映画化しようと考えて、二三年十一月に大阪市内の早川プロダクションに製作を依頼した。そして、翌年の三月末に原作・脚色赤沢大助、監督藤波紫朗（早川プロの社長早川一郎の変名）による映画『籠の鳥の唄』が完成した。

赤沢はこの映画の成功によって映画配給製作会社を設立して活躍していたが、戦争のために事業を断念して戦後に至った。しかし、懐メロブームで「籠の鳥」が再び歌われだしたため著作権を確認したところ、日本著作権協会が管理していて、作曲が鳥取春陽、作詞が千野かおる、松本英一、佃血秋として登録されていることがわかった。

そこで、赤沢は自らが著作者であることの権利回復と損害賠償を求めて訴訟を起こしたが、その過程で、早川プロの映画『籠の鳥の唄』に平戸延介の芸名で出演していた映画監督山本嘉次郎も訴えられるという展開に発展した。山本嘉次郎がこの映画は自分で製作したものだと証言していたためである。これに対して、「山本氏の自作はウソだ」として、著作権侵害による損害賠償と名誉棄損を訴えたのである(17)。

三年後の一九七六年（昭和五十一年）に和歌山地裁の判決が出て、映画に関しては赤沢の製作であることを認めて慰謝料五十万円の支払いを命じた。しかし、歌に関しては作詞・作曲ともに赤沢の主張が退けられた(18)。

これを不服として赤沢は大阪高裁に控訴するが、一九七八年（昭和五十三年）に脳内出血のため亡くなる。最終的に、八〇年に大阪高裁は「歌詞の原型は江戸時代から自由を束縛された女子の歌として伝わっていた。原告が作ったという時期にはすでに東京、大阪で歌われていたと認められる」として、原告の主張を棄却した一審判決を支持した(19)。

早川プロの『籠の鳥』

ところで、赤沢の訴訟のなかに登場する早川プロダクション製作の『籠の鳥の唄』と思われる映画は、実際に新聞広告で確認できる。一九二四年（大正十三年）九月の広告「ハヤカワの流行小唄情話籠の鳥」には次のようにうたわれている。

△ハヤカワの籠の鳥…をご上映あれ本映画の到る所満員日のべならざるなし
△ハヤカワの籠の鳥…こそは地方巡業にも常設館経営にも価値絶大…好機逸すべからず
△ハヤカワの籠の鳥…に各地興行者諸君より送られたる称賛の辞は…黄金映画[20]

早川プロの住所は大阪の天王寺で、正式名称は「ハヤカワ芸術映画製作所」となっているが、「宣伝教化各種映画劇製作専門」とあるように、街の小規模のプロダクションだったようである。訴訟記録には、赤沢はこの映画でかなり成功をおさめたと書かれていて、また広告の文面からも地方巡業や常設館などで上映された形跡がうかがわれる。

この映画は実際の売れ行きも好調だったようで、早川プロに関わった前述の山本嘉次郎は、帝キネ版の『籠の鳥』が大ヒットした結果、早川プロの『籠の鳥』にも注文が殺到し、フィルムのプリントが百五十本以上も売れたと次のように回想している。

誰かがわれわれのところに別の〝籠の鳥〟の寝ていることを発見した。一夜のうちにわれわれのところにドッと押し寄せた。松竹、日活の大会社をはじめ各地の興行主が文字通り雪崩れ込んで来たのである。こっちは独立プロだから配給制ではなく、プリントの一本売りである。焼付をし現像をする間、セールスマンが長い行列を作って待っていた。これは本当の話である。まるで戦時中の国民酒場のように殺気立っていた。売れも売れたり、百五十本以上のプリントが売れた。[21]

なお、第2章「小唄映画の誕生と「船頭小唄」を歌う人々」で述べたように、早川プロは「船頭小唄」の映画化も手がけていた。一九二三年（大正十二年）五月の「神戸又新日報」の広告によれば、神戸の二葉館で『水郷情話枯すゝき』を上映しているが、「ハヤカワ芸術映画社処女作品、第一回提供純映画劇」とうたっている。[22]「処女作品」とあることから、これが第一作だったようである。

赤沢の訴訟や早川プロの例が示しているように、「船頭小唄」と「籠の鳥」の流行過程には、本書で取り上げた以外にもさまざまな人々やメディアが深く関わっているようである。今後の研究に期待したい。

注

（1）山本武夫／都竹伸政／高木清／土端一美「明治大正昭和の思い出流行歌謡絵巻」「富士」一九五〇年八月号、世界社

（2）「朝日新聞」一九五七年一月十一日付夕刊

（3）「新作映画紹介 雨情・黄色いカラス・大阪物語ノートルダムのせむし男・悪い種子・反乱」、経済時代社編「経済時代」一九五七年三月号、経済時代社、三九―四三ページ

（4）「朝日新聞」一九五七年三月二十二日付夕刊

（5）「歌とステージ＝『船頭小唄』を吹きこんだ裕次郎」「週刊平凡」一九六二年九月六日号、平凡出版

（6）「読売新聞」一九五八年十二月四日付

（7）同紙

（8）源氏鶏太『経済ラーメン』東方社、一九六〇年、六九ページ

（9）「キネマ旬報」一九七五年七月一日号、キネマ旬報社

（10）「朝日新聞」一九七五年五月十九日付夕刊

（11）「朝日新聞 岩手版」二〇〇〇年五月二十七日付、十二月十五日付、二〇〇一年四月五日付

（12）「朝日新聞 岩手版」二〇〇八年五月二十二日付

（13）前掲、上山敬三『日本の流行歌』二〇ページ

（14）「判例特報（3）流行歌「籠の鳥」の作詞、作曲者であるとの主張が否定された事例（和歌山地判51.12.1）」「判例時報」一九七七年二月十一日号、判例時報社、四三ページ

（15）「名古屋新聞」一九二四年九月六日付夕刊

(16) 前掲「判例特報(3)流行歌「籠の鳥」の作詞、作曲者であるとの主張が否定された事例(和歌山地判51.12.1)」
(17)「読売新聞」一九七三年七月二十八日付夕刊
(18)「朝日新聞」一九七六年十二月二日付
(19)「朝日新聞」一九八〇年二月八日付
(20)「大阪朝日新聞」一九二四年九月十四日付
(21) 山本嘉次郎「元祖籠の鳥(春や春カッドウヤ)」「小説新潮」一九六九年八月号、新潮社、一三二ページ
(22)「神戸又新日報」一九二三年五月二十一日付

参考文献

藍川由美『「演歌」のススメ』(文春新書)、文藝春秋、二〇〇二年
相沢直樹『甦る『ゴンドラの唄』——「いのち短し、恋せよ、少女」の誕生と変容』新曜社、二〇一二年
生明俊雄『ポピュラー音楽は誰が作るのか——音楽産業の政治学』勁草書房、二〇〇四年
池田弥三郎『聴いて歌って』(旺文社文庫)、旺文社、一九八一年
池田義信「船頭小唄の想い出」「コピライト」一九六六年三月号、著作権情報センター
板橋倫行「籠の鳥」、日本歴史学会編「日本歴史」一九五七年三月号、吉川弘文館
井手口彰典『童謡の百年——なぜ「心のふるさと」になったのか』(筑摩選書)、筑摩書房、二〇一八年
糸屋寿雄『流行歌』(三一新書)、三一書房、一九五七年
糸屋寿雄『労働歌・革命歌物語』(青木新書)、青木書店、一九七〇年
今西英造『演歌に生きた男たち——その栄光と挫折の時代』文一総合出版、一九八〇年
内田百閒、東雅夫編『百鬼園百物語——百閒怪異小品集』(平凡社ライブラリー)、平凡社、二〇一三年
遠藤薫「関東大震災と流行歌——『船頭小唄』をめぐる大正期日本の政治・文化変容」、学習院大学法学会編「学習院大学法学会雑誌」第四十八巻第一号、学習院大学法学会、二〇一二年
遠藤早泉『現今少年読物の研究と批判』開発社、一九二二年
長久保片雲『野口雨情の生涯——創作民謡・童謡詩人』暁印書館、一九八〇年
賀川はる子『女中奉公と女工生活』福永書店、一九二三年
金子未佳『野口雨情』(日本の作家100人 人と文学)、勉誠出版、二〇一三年
上山敬三『日本の流行歌——歌でつづる大正・昭和』(ハヤカワ・ライブラリー)、早川書房、一九六五年
菊池清麿『さすらいのメロディー鳥取春陽伝——日本流行歌史の一断面・演歌とジャズを駆け抜けた男』郁朋社、一九九八年

菊池清麿『中山晋平伝――近代日本流行歌の父』郷土出版社、二〇〇七年
北原糸子『関東大震災の社会史』(朝日選書)、朝日新聞出版、二〇一一年
倉田喜弘『「はやり歌」の考古学――開国から戦後復興まで』(文春新書)、文藝春秋、二〇〇一年
倉田喜弘『日本レコード文化史』(岩波現代文庫)、岩波書店、二〇〇六年
倉田喜弘編『近代はやり唄集』(岩波文庫)、岩波書店、二〇一六年
栩沢健「プロレタリア文学に息づく「小唄」の集団性」、日本文学協会編「日本文学」二〇一九年四月号、日本文学協会
源氏鶏太『経済ラーメン』東方社、一九六〇年
後藤嘉宏「関東大震災後の天譴論の二側面」、メディア史研究会編「メディア史研究」第四号、ゆまに書房
小松耕輔作曲、小林愛雄作歌『帝都復興の歌』共益商社書店、一九二三年
斎藤桂『〈裏〉日本音楽史――異形の近代』春秋社、二〇一五年
権田保之助『社会研究・娯楽業者の群』実業之日本社、一九二三年
笹川慶子「小唄映画に関する基礎調査――明治末期から昭和初期を中心に」、演劇研究センター編「演劇研究センター紀要」第一号、早稲田大学演劇博物館、二〇〇三年
時雨音羽監修『大正琴でつづる明治百年――明治・大正・昭和の流行歌』日本ビクター、一九六八年
周東美材『童謡の近代――メディアの変容と子ども文化』(岩波現代全書)、岩波書店、二〇一五年
『松竹七十年史』松竹、一九六四年
新藤雄介「大正期マルクス主義形態論――『資本論』未完訳期における社会主義知識の普及とパンフレット出版」、日本マス・コミュニケーション学会編「マス・コミュニケーション研究」第八十六号、日本マス・コミュニケーション学会、二〇一五年
杉座秀親『鳥取春陽――日本モダニズムのなかの演歌師』くんぷる、二〇一六年
鈴木淳『関東大震災――消防・医療・ボランティアから検証する』(ちくま新書)、筑摩書房、二〇〇四年
添田啞蟬坊『添田啞蟬坊――啞蟬坊流生記』(人間の記録)、日本図書センター、一九九九年

添田啞蟬坊『流行歌明治大正史』(「添田啞蟬坊・添田知道著作集」別巻)、刀水書房、一九八二年
添田知道『演歌の明治大正史』(「添田啞蟬坊・添田知道著作集」第四巻)、刀水書房、一九八二年
添田知道『演歌師の生活』(「生活史叢書」第十四巻)、雄山閣、一九九四年
園部三郎/矢沢保/繁下和雄『日本の流行歌――その魅力と流行のしくみ』大月書店、一九八〇年
園部三郎『日本民衆歌謡史考』(朝日選書)、朝日新聞社、一九八〇年
杣正夫『日本選挙制度史――普通選挙法から公職選挙法まで』九州大学出版会、一九八六年
高橋磐二編『歌おう大正時代』高橋磐二、一九八八年
高橋磐二「流行歌と演歌師」「群馬風土記」一九八八年九月号、群馬出版センター
高橋義孝『この日この時』新潮社、一九五九年
田中純一郎『日本映画発達史』第一巻、中央公論社、一九五七年
田中純一郎、本地陽彦監修『秘録・日本の活動写真』ワイズ出版、二〇〇四年
玉川一郎『大正・本郷の子』(シリーズ大正っ子)、青蛙房、一九七七年
田宮虎彦「昔の絵」「小説新潮」一九六三年二月号、新潮社
築比地仲助「平民社回想録 第一回(革命歌の作者として)」、労働運動史研究会編「労働運動史研究」第十五号、労働旬報社、一九五九年
辻内周三「船頭小唄と籠の鳥」(流行歌をたずねる五)(演芸雑記帳十)「ラジオ・オーサカ」一九四九年十月号、大阪中央放送局事業部
都築政昭『シネマがやってきた!――日本映画事始め』小学館、一九九五年
戸ノ下達也/横山琢哉編著『日本の合唱史』青弓社、二〇一一年
殿山泰司『三文役者あなあきい伝 part 1』(講談社文庫)、講談社、一九八〇年
永嶺重敏『流行歌の誕生――「カチューシャの唄」とその時代』(歴史文化ライブラリー)、吉川弘文館、二〇一〇年
中山卯郎編著『中山晋平作曲目録・年譜』豆ノ樹社、一九八〇年

中山晋平「民謡作曲」『アルス西洋音楽大講座』第七巻所収、アルス、一九二九年
中山晋平「演劇及び映画に於ける所謂主題歌に就いて」、国劇向上会編「芸術殿」一九三二年二月号、四条書房
中山晋平「作曲生活二十年を語る」「話」一九三五年八月号、文藝春秋社
中山晋平「中山晋平自譜」「中央公論」一九三五年八月号、中央公論社
西井弥生子「菊池寛 交錯する「東京行進曲」——映画小唄の牽引力」、「日本近代文学会」編集委員会編「日本近代文学」第八十九集、日本近代文学会、二〇一三年
西尾治郎平・矢沢保編『日本の革命歌』一声社、一九七四年
西沢爽『日本近代歌謡史』桜楓社、一九九〇年
能川泰治「添田唖蟬坊論——都市下層社会と大正デモクラシーに関する研究として」、歴史学研究会編「歴史学研究」二〇一七年三月号、青木書店
野口雨情『詩と民謡Ⅰ』(『定本 野口雨情』第一巻)、未来社、一九八五年
野口雨情『船頭小唄——続野口雨情詩集』弥生書房、一九九〇年
野口存弥/東道人編『新資料 野口雨情《詩と民謡》』踏青社、二〇〇二年
野口不二子『野口雨情伝——郷愁と童心の詩人』講談社、二〇一二年
浜松敦子「民衆の音楽活動と唱歌教育の関連性についての一考察——東京都台東区住民の実態調査にもとづいて」、日本音楽教育学会編「音楽教育学」第十五号、日本音楽教育学会、一九八五年
林靖治編『女優事始め——栗島すみ子・岡田嘉子・夏川静枝』平凡社、一九八六年
廣井脩『災害と日本人——巨大地震の社会心理 新版』時事通信社、一九九五年
藤木秀朗『増殖するペルソナ——映画スターダムの成立と日本近代』名古屋大学出版会、二〇〇七年
藤沢衛彦『流行歌百年史』第一出版社、一九五一年
藤城かおる『唖蟬坊伝——演歌と社会主義のはざまに』えにし書房、二〇一七年
堀江三五郎編『岡谷製糸労働争議の真相』信濃毎日新聞社、一九二七年
牧野守『日本映画検閲史』パンドラ、二〇〇三年

『街角の詩――演歌のルーツ 鳥取春陽コレクション』解説、山田量男、一九七九年
丸山鉄雄「研究と評伝 放送歌謡と中山晋平」「信濃教育」一九六五年十月号、信濃教育会
南博編『大正文化』勁草書房、一九六五年
宮澤縦一「楽遊六十年 中山晋平（芸術談議）」、音楽之友社編「音楽芸術」一九五一年六月号、音楽之友社
『みんなで書いた野口雨情伝』金の星社、一九八二年
森垣二郎『レコードと五十年』河出書房新社、一九六〇年
山地幸雄『国民娯楽演芸読本』朝日書房、一九四二年
山本嘉次郎「元祖籠の鳥（春や春カッドウヤ）」「小説新潮」一九六九年八月号、新潮社
山本茂実『カチューシャ可愛や――中山晋平物語』（大月CDブック）、大月書店、一九九四年
山本武夫ほか「明治大正昭和思い出の流行歌謡絵巻」「富士」一九五〇年八月号、大日本雄弁会講談社
四方田犬彦『日本映画史110年』（集英社新書）、集英社、二〇一四年
和田登『唄の旅人中山晋平』岩波書店、二〇一〇年
渡辺裕『歌う国民――唱歌、校歌、うたごえ』（中公新書）、中央公論新社、二〇一〇年

あとがき

野口雨情が「枯れすすき」の詩を書いたのは一九一九年（大正八年）の夏とされているから、今年二〇一九年は「枯れすすき」誕生百周年にあたる。「船頭小唄」も、そして、「籠の鳥」もおよそ百年にわたって歌い継がれてきたことになる。

その意味では、本書の「まえがき」に立てた問い、なぜ大震災の時期に「船頭小唄」と「籠の鳥」が流行したのかという問いにも、自然と答えが出てくるように思う。この二つの歌が震災前後から現在に至るまで、およそ百年にわたって多くの人々に長く愛唱されてきたことからわかるように、この二つの歌はもはやある一時期の流行歌という域を超えて、時代を超えて日本人の心に深く残る大きな力をもった歌だったからといえるのではないだろうか。

そして、この百年の間に、歌や音楽を取り巻くメディア状況も大きく変化してきたが、本書を書きながら、私自身最も印象に残ったのは、小唄映画に熱狂して歌手と一緒に合唱する観客の光景だった。カツベン（活動写真弁士）というダイナミックな要素はあるものの、私たちは無声映画に対してともすれば単調なイメージを抱きやすいが、歌という要素の導入によって無声映画がこれほどまでに観客を熱狂させるメディアへと変わりうるということに、新鮮な驚きを覚えた。そして、それは観客が一緒になって歌う現在の応援上映のまさに元祖ともいうべき存在である。百年の時を経て、私たち観客は同じ熱狂を共有している。

これまで膨大な数の流行歌の歴史に関する本が書かれているが、そこに大きく欠けているものがある。それはこのような映画に熱狂して一緒に合唱する人々、歌を愛してそれを歌った受け手の姿である。歌が流行していくためには、それを覚えて歌って伝えていく数多くの人々の存在が不可欠である。流行歌を実際に歌った受け手へのそういった視点がこれまで欠けていたように思う。

受け手という視点から見直すとき、これまで別種の世界のものと思われていた「船頭小唄」や「籠の鳥」といった流行小唄と、革命歌やメーデー歌が同じ社会の同じ人々によって歌われていたことに改めて気づかされる。「船頭小唄」が流行し始めたのと、メーデー歌の「聞け万国の労働者」が登場したのはまったく同じ年で、大震災の前年の一九二二年（大正十一年）である。

同じ大正という時代に東京や大阪といった都市あるいは農村で、職工や女工、学生たちが流行小唄も革命歌も同じように歌っていたのである。歌う人々がこのように大量にマスとして出現してきた時代、それが大正だった。

そして、歌うこと、合唱することに大きな力を見いだした大衆と、それを規制によって封じ込めようとする官憲側との対立が表面化してきた時代でもあった。

本書では、流行小唄の流行過程の追跡にとどまらず、さらに、歌と合唱をめぐるこのような社会的力学にまで踏み込むことを試みてきた。それがどこまで成功しているかはわからないが、流行歌がもつ意味を同時代の社会構造のなかでより立体的にとらえ直すきっかけになればと思う。

自称「流行歌とその時代」シリーズも本書で四冊目になる。歌という切り口で、その時代のメディア状況や人々の意識のあり方に斬り込んでいく方法になぜこだわるのか、今回改めて自問してみた。「歌は世につれ、世は歌につれ」とよくいわれるように、歌とその時代は密接に関わっているのはいうまでもない。にもかかわらず、歌をその時代のなかでとらえる視点がこれまであまりにも乏しかったように思う。流行歌の歴史が書かれるとき、それはどうしても縦の時間軸に沿った流行歌の変遷の歴史となる傾向が強かった。流行歌を、それを取り巻く同時代の社会的連環のなかでとらえるという横の時間軸からのアプローチはきわめて少なかった。

しかし、流行歌の変遷の背景には、流行歌を伝播するメディアをはじめとする社会的基盤と、流行歌を聴いて覚えて、それを歌い、心の糧としてきた有名無名の無数の人々から構成される受容基盤が存在している。このような社会的基盤と受容基盤の連環のなかで、改めて流行歌の意味をとらえ直してみたい。それが「流行歌とその時代」シリーズに取り組んできた意図だった。しかし、達成できた部分はあまりに少ない。今後とも引き続き取り組んでいきたい。

＊

資料収集に際しては、以下の資料館などのお世話になりました。神奈川近代文学館と日本近代文学館では、啞蟬坊関係やその他の資料を利用させていただきました。また、宮古市新里生涯学習センターでは、鳥取春陽関係資料の複製をご提供いただきました。お礼を申し上げます。

地方新聞の探索に際しては、国立国会図書館の新聞資料室を大いに活用しました。また、デジタルコレクションと歴史的音源にはいつも助けられています。今回も大正期の映画劇レコードなどの貴重な音源を利用することができました。放送大学附属図書館にも、新聞データベースの利用と資料の取り寄せでいつもお世話になっています。以上、記して感謝を申し上げます。

前作に引き続き、今回も青弓社の矢野恵二氏のお世話になりました。深く感謝を申し上げます。

最後に、本書で取り上げた「歌う大衆」を端的に表す資料として、第6章で紹介した新聞記事の一節を再度引用してむすびとしたい。

民衆は歌ふ

工場も音楽を持つ。学校も、労働組合も、軍隊までも、更らに街の辻、辻からの小唄のメロディは国境を越えて四方に放射される。或るものはデモンストレーションの為めに、或るものは革なる指命のために、哀愁のために、心のときめきの為めに、衆団の意力のために。小説さえも歌を持つ。映画も亦、何々の唄、何々行進曲と。

二〇一九年九月

［著者略歴］
永嶺重敏（ながみね しげとし）
1955年、鹿児島県生まれ
九州大学文学部卒業、出版文化・大衆文化研究
日本出版学会、日本マス・コミュニケーション学会、メディア史研究会、日本ポピュラー音楽学会会員
著書に『「リンゴの唄」の真実――戦後初めての流行歌を追う』（青弓社）、『オッペケペー節と明治』（文藝春秋）、『流行歌の誕生――「カチューシャの唄」とその時代』（吉川弘文館）、『怪盗ジゴマと活動写真の時代』（新潮社）など

歌《うた》う大衆《たいしゅう》と関東大震災《かんとうだいしんさい》
「船頭小唄」「籠の鳥」はなぜ流行したのか

発行――――2019年10月16日　第1刷
定価――――2000円＋税
著者――――永嶺重敏
発行者―――矢野恵二
発行所―――株式会社青弓社
〒162-0801 東京都新宿区山吹町337
電話 03-3268-0381（代）
http://www.seikyusha.co.jp
印刷所―――三松堂
製本所―――三松堂

ISBN978-4-7872-2085-1　C0021